스케일 업

스케일 업

초 판 1쇄 2023년 09월 26일

지은이 박상황
펴낸이 류종렬

펴낸곳 미다스북스
본부장 임종익
편집장 이다경
책임진행 김가영, 신은서, 박유진, 윤가희, 정보미

등록 2001년 3월 21일 제2001-000040호
주소 서울시 마포구 양화로 133 서교타워 711호
전화 02) 322-7802~3
팩스 02) 6007-1845
블로그 http://blog.naver.com/midasbooks
전자주소 midasbooks@hanmail.net
페이스북 https://www.facebook.com/midasbooks425
인스타그램 https://www.instagram/midasbooks

ISBN 979-11-6910-336-7 03190

값 17,500원

SCALE UP

시대를 설계한 27인의 현대 위인들

스케일 업

박상황 지음

미다스북스

대한민국의 현실은 여전히 재벌가 중심이며 흙수저, 금수저 논란이 끊이질 않고 있다. 누군가는 좌절하며, 또 누군가는 높은 곳으로 향하기 위해 최선을 다하고 있다.

매스컴에서도 지속적으로 노출시키는 만큼 해당 논란은 쉬이 꺼지지 않을 것으로 판단된다.

하지만 대한민국에서 벗어나 시야를 조금만 넓게 확장한다면 이야기가 달라진다. 우리가 흔히 알고 있는 혁신적인 기업인 유튜브, 페이스북, 스페이스X, 아마존, 인스타그램, 카카오, ZARA, 스타벅스, 알리바바의 창업주 또는 CEO들은 자수성가이며 또한 전 세계에서 재산 100억 달러가 넘는 '슈퍼 부자' 중 3분의 2 이상이 자수성가이다.

그들 중에서는 타고난 천재성을 지닌 인물, 비참할 정도로 흙수저였던 인물, 오직 '노력'으로 대업을 이룬 인물, 시대의 흐름을 잘 파악한 인물 등 다양하다. 또한 그들이 가진 경영 철학과 삶의 철학도 다양하며, 세상을 바라보는 관점도 가지각색이다. 즉, '같은 방법으로 성공한 이는 없다.'라는 것을 명확히 보여준다.

저자가 그들을 연구하며 찾아낸 공통점이 있다. '좋은 친구를 두는 안목', '세상에 대한 관심' 그리고 다소 진부할지 몰라도 '도전 정신'이다. 실패에서 배우고 그것을 바탕으로 결국 성공을 이루어 낸다. 항상 멀리 보며, 적자에 시달리면서도 혁신을 원하고, 언제든지 실패를 받아드릴 준비를 하고 있었다.

어린 시절 우리는 위인전을 읽으며 성장해 왔다. 그렇다면 우리는 왜 위인전을 읽었던 것일까? 그 이유는 간단하다. 그들의 이야기를 되새기고 지혜를 뒷배경 삼아 내 삶에 역경이 닥치거나, 기회가 주어졌을 때 그리고 선택의 기로에 마주했을 때 좀 더 현명한 판단을 내리기 위해서이다.

옛 위인들에게 목숨을 바쳐 나라를 지키라거나, 세상에 없던 물건을 만들라고 그 누구도 강요한 적이 없다. 현 시대도 마찬가지다. 그 누구도 스마트폰, 유튜브, 카카오톡, 온라인 결제 서비스, SNS를 만들어 달라고 부탁하지 않았다. 이 모든 것들은 없을 때는 없는 것이 당연한 일상이었고 대중들은 불편함을 느끼지 못했다. 그래서 우리는 이것을 세상에 없던 '혁신'이라 부른다.

이 책은 도전과 혁신으로 현 시대를 이끌어나가며 역사에 기록될 살아있는 현대판 위인 27인의 삶의 행적, 역경과 성공 스토리 그리고 그들의 각기 다른 철학을 철저히 분석했으며, 각 인물의 무기와 우리가 충분히 배울 수 있는 부분을 콕 집어 제시하고 있다.

당신은 스타트업의 꿈을 가진 이일 수도, 인생의 터닝 포인트가 필요한 사람일 수도, 어쩌면 단순히 기업과 창업자들을 알아보고 싶은 사람일 수도 있다. 그런 당신이 누구든 마지막 페이지를 넘기는 순간 당신의 뒤에는 27인의 현대판 위인들이 당신 삶의 순간순간을 든든히 지탱해줄 것이다.

성공에는 긍정적, 부정적 양면성이 분명히 존재한다. 하지만 27인의 부정적인 시선이나 이야기는 최대한 배제했다. 부정적 영향과 인식을 심어주기 위해 기획한 도서가 아니기 때문이다. 만약 그들에 대해 부정적으로 편향되어 있는 사람이라면 이 책을 권하지 않는다. 화만 돋울 것이다. 또한 접근성을 높이고 쉬운 이해를 돕기 위해 어려운 전문용어들도 최대한 배제했다.

성공의 반대말은 실패가 아니라 도전하지 않는 것이다. 당신이 멍하니 있는 사이에 당신이 서 있는 위치는 끊임없이 도전한 인물들과 극명히 갈린다. 뭘 어떻게 시작해야 될지조차 모르겠다면, 선구자들의 행적을 엿보고 그들의 성공을 분석하고 파악하는 것이 최우선이다. 파리의 뒤를 따르면 화장실을 맴돌고, 꿀벌의 뒤를 따르면 꽃밭으로 가게 되어 있다.

실제로 그렇게 얻어진 성공 영감으로 후발 주자들이 급부상하기도 한다. 흔하지만 그 무게만큼은 세상에서 가장 무거운 '도전'이라는 단어를 한 번쯤 짊어지길 바란다. 변하지 않는 진리는 세상은 오늘도 당신의 도전을 기다리고 있다는 것이다. 다만, 당신이 세상 밖으로 나오지 않는 것일 뿐이다. 『스케일 업』이 세상 밖으로 나올 또는 더 큰 목표가 있는 당신에게 도움이 되길 소망한다.

S C A L E U P

S C A L E U P

'언더독' 역경을 발판삼아 비상하다

S C A L E U P

'새로운 얼굴' 고정관념을 깨다

'대한민국 체인저' 일상을 바꾸다

S C A L E U P

‘K-열풍’ 세계를 매료시키다

SCALE

UP

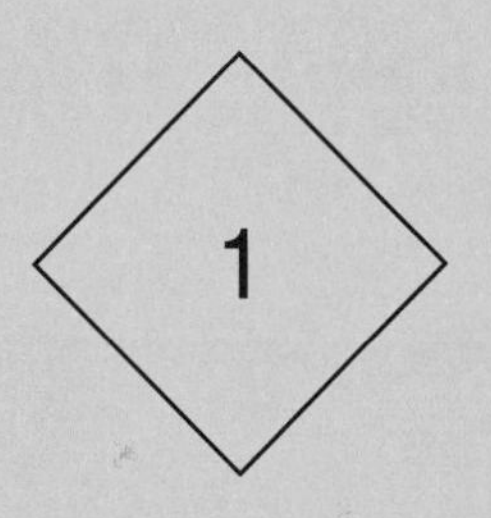

‘페이팔 마피아’

미래를 혁신하다

인류의 미래 설계자, 일론 머스크

영화 〈아이언맨〉의 토니 스타크의 모델, 10년 만에 주가 50배 폭등, 세계 자동차 시가총액 1위 기업, 전기차의 대중화, 우주여행, 화성의 식민지 개발, 교통체증이 싫어 땅 밑에 터널을 파는 남자, 사람들에게 판타지를 제시하고 현실로 만드는 남자, 시대의 천재 등 정말 한 사람을 표현하는 수식어가 맞는지 의심이 들 정도의 수식어들을 가진 인물이 있다.

바로 세상을 바꾸고 인류를 진화시키고 있는 일론 머스크이다. 현재 CEO 중 가장 인지도가 높은 인물이기도 하다. 하지만 라디오 방송에서 대마초를 피우고, 테슬라의 주가가 폭락할 때 테슬라의 주식을 산 사람들이 잘못이라는 뉘앙스의 트위터 게시물을 올리는 등의 기행을 일삼으며, '괴짜'의 이미지도 동시에 가지고 있다.

그럼에도 세계인들이 〈배트맨〉의 조커와 같은 그를 지지하는 이유는 거듭되는 실패로 사기꾼이라는 조롱도 이겨내며 세상을 바꿨고, 앞으로의 행보가 더 기대되는 인물임은 틀림없기 때문이다. "실패는 과정일 뿐"이라는 말이 있다. 그 말을 우리에게 제대로 이해시켜주는 일론 머스크에 대해 알아보자.

떡잎부터 비범했던 일론 머스크

1971년 일론 머스크는 미국이 아닌 남아프리카공화국에서 태어났다. 많은 성공한 이들이 그렇듯이 그 또한 어린 시절부터 책을 많이 읽었다고 한다. 새로운 지식을 얻고 배우기 위해 하루에 10시간씩 과학, 철학, 종교, 백과사전 등 여러 분야의 책을 두루 읽었지만, 그중에서도 공상과학을 특히 좋아했다고 한다.

그랬기 때문일까? 12살에 그는 컴퓨터 프로그래밍을 독학하고, 공상과학소설을 읽고 영감을 받았다. 이후 '블래스터'라는 우주전쟁 소재의 비디오 게임을 만들어 500달러에 판매하는 성과를 내기도 했다. 하지만 활발히 뛰놀기를 좋아하던 또래들과는 상반되는 모습에 따돌림을 당하는 아픔을 겪기도 했다. 지금의 일론 머스크의 멘탈을 보면 따돌림 정도야 가볍게 이겨냈을 것이라는 생각이 들기도 한다.

"아프리카의 천재는 우물을 만들고, 미국의 천재는 로켓을 만든다"는 말이 있다. 물론 그가 살던 곳이 아프리카 빈민 지역은 아니지만, 10대 후반 그는 더 넓은 세상으로 나가기 위해 캐나다의 시민권자인 어머니의 도움으로 캐나다로 향한다.

이후 캐나다 퀸스 대학교 입학, 미국 펜실베니아 대학교로 편입해 물리학과 경제학을 전공하며 학업을 이어갔다. 그리고 인터넷, 우주사업, 재생에너지 세 분야에서 반드시 성과를 내겠다는 원대한 꿈을 가지게 되었다. 1995년 물리학 박사 학위 취득을 위해 명문 스탠퍼드대학교에 입학했지만, 그는 더 이상 배울 것이 없었다.

실리콘 밸리가 닷컴 열풍의 성지로 떠오르는 그 시기에 하루 빨리 창업을 하고 싶다고 생각한 그는 스티브 잡스, 빌 게이츠와 같이 학교를 자퇴한다.

페이팔 마피아의 탄생

현재 우리나라로 치면 네이버맵, 카카오맵과 비슷한 형태인 인터넷 기반의 지역 정보를 제공하는 자신의 첫 회사 'ZIP2'를 자신의 동생 킴벌과 함께 창업한다. 사무실에서 먹고 자며 불철주야 프로그램 개발에 매진한 끝에, 대형 신문사, 출판사들과 계약을 체결할 수 있었고, 회사는 빠르게 자리 잡아갔다. 4년 후 일론은 'ZIP2'를 '알타비스타'에 매각하며 2,200만 달러(한화 약 290억 원)를 손에 쥘 수 있었다. 20대의 나이에 백만장자

대열에 합류하게 된 것이다.

큰 성공을 거두고 얻은 자금으로 굳이 은행에 가지 않고도 인터넷을 이용해 돈을 주고받는 시스템(오늘날의 온라인 뱅킹)을 개발하며, 미국 최대의 결제 서비스 페이팔의 전신인 'X.COM'을 선보였다.

하지만 'X.COM' 공동 설립자와의 분쟁과 분열, 경쟁사인 '컨피니티'(CEO 피터 틸)와의 고객 확보 마케팅 전쟁을 겪으며 힘든 시기를 겪었다.

결국 전쟁보다 공생을 택한 두 회사가 합병하게 되며, 사명을 '페이팔'로 바꾼다. 일론 머스크는 CEO 자리를 맡게 되지만, 경쟁사였던 두 회사가 추구했던 방향은 달랐다. 지속적인 갈등 끝에 결국 일론 머스크가 CEO에서 해임되었다. 하지만 페이팔은 날로 성장했고, 무한한 성장 가능성을 본 온라인 쇼핑몰 '이베이(ebay)'에서 페이팔을 인수했다. 당시 최대 주주였던 그는 약 1.7억 달러(한화 약 2,000억 원)를 소유하게 되었다.

훗날 일론 머스크는 물론, 페이팔에서 함께했던 동료들은 실리콘밸리에서 서로 밀어주고 끌어주며, 새로운 사업으로 승승장구하게 된다. 이들을 실리콘 밸리의 '페이팔 마피아'라 부른다.

30대 초반의 나이에 굵직한 성공을 이루어 냈지만, 그에게는 단지 자신의 꿈(인터넷, 우주사업, 재생 에너지) 중 하나의 성과에 불과했다.

고기도 먹어 본 사람이 맛을 알고 성공의 맛을 본 사람은 그 이상을 추구한다고 했던가. 일론 머스크의 인류를 위한 도전은 지금부터 시작된다.

인류의 비전 화성 이주의 꿈, 스페이스X

2002년, 우주에 관심이 많았던 그는 인류의 화성 이주를 꿈꾸게 되는데, 그 첫 번째 계획이 화성에 식물들을 보내 키우고 이를 지구에 공개하는 것이었다. 엄청난 부를 가진 그였지만 로켓과 발사 비용을 충당하기에는 턱없이 부족했다. 장고 끝에 직접 로켓을 만들어 발사하는 것이 가장 비용이 적게 든다고 판단한 그는 '스페이스X'를 설립한다.

2003년 우여곡절 끝에 드디어 완성된 첫 번째 로켓 '팔콘 1호'를 발사하지만 추락하고 말았다. 이후 3차 발사까지 모두 실패로 돌아간다. 천문학적인 돈을 잃고, 대중들의 조롱을 받음에도 그는 절대 포기하지 않겠다고 밝혔다.

2008년 9월, 일론 머스크 자신도 마지막이라 여긴 '팔콘 1호'(4차)가 발사되었다. 모두가 숨을 죽이고 '팔콘 1호'를 바라보았다. 결과는 성공이었다.

인고의 시간 끝에 드디어 '스페이스X'의 로켓이 궤도에 진입하는 쾌거를 이룬 것이다. 이를 계기로 NASA와 손잡고 우주정거장에 화물을 전달하는 사업을 본격적으로 시작했다.

보통 우주 사업은 천문학적인 금액이 들기 때문에 국가 위주로 운영되는데, 민간기업으로서는 최초로 우주 사업을 하게 된 것이다.

하지만 그들에게는 고민이 있었다. 값비싼 로켓의 발사체는 수거 후 폐기되는 일회용이라는 점이었고, 그들은 이를 해결하기 위한 '로켓 재사용' 연구에 최선을 다했다. 결국 '로켓 재사용' 개발에 성공하며, 항공우주 산업의 핵심으로 올라서게 된다.

2015년에는 발사체를 단순 수거하는 것을 넘어, 로켓의 부스터를 다시 지상에 착륙시키는 데까지 성공했다. 2020년, 민간기업 최초로 국제우주정거장에 우주인을 보내며, 그 위용을 다시 한번 확인시켜 주었다. 일론 머스크가 대단한 이유는 NASA가 약 70년에 걸쳐 이루어 낸 업적을 단 20년 만에 성공시켰기 때문이다.

또한 전 세계 모든 사람들에게 초고속 인터넷을 공급하는 것을 목표로 한 '스타링크' 위성통신 사업과 최근에는(2023년 4월) 우주여행을 위한 차세대 유인 우주선 '스타십'을 발사했지만, 공중에서 폭발했다. 하지만 일론 머스크는 물론 지켜보던 대중들까지 환호하였다.

이유는 단순 실패가 아닌 실패하지 않을 또 하나의 방법을 찾았기 때문이다. 화성 이주 프로젝트의 핵심 '스타십'으로 공상과학 영화와 상상 속의 판타지가 일론 머스크에 의해 점차 현실로 다가오고 있다.

"당신에게 중요한 일이 있다면 어떠한 역경이 있다고 한들 그것을 해라." – 일론 머스크

친환경 전기차의 대중화 테슬라

테슬라는 일론 머스크가 설립한 기업이 아니다. 2003년 마틴 에버하드와 마크 타페닝이 미국의 천재 발명가 니콜라 테슬라의 이름을 따와 '테슬라 모터스'로 설립한 기업이다. 2004년 일론 머스크가 테슬라의 전기차 생산과 로드맵의 비전을 듣고 투자하며, 최대 주주이자 이사회 의장으로 역임했다.

기존의 전기차 회사들은 한계를 인정하는 선에서 소형차를 개발하는 반면, 일론 머스크는 전기차의 스포츠카와 같은 고급화 콘셉트를 선호했다. 고급화의 이유는 친환경에 대한 관심과 독특함을 상대적으로 지위가 있는 사람들에게 먼저 선보이고, 이후 대중화를 하겠다는 전략이었다.

처음에는 노트북의 배터리와 동일한 리튬이온 배터리를 이용해 단 1년 반 만에 첫 모델 '로드스터'의 시연 행사를 열었는데, 시속 100km를 4초 만에 돌파하며 대중들의 감탄을 자아냈다. 하지만 배터리 폭발, 변속기 문제, 모터 설계의 문제로 출시일이 계속 미뤄졌고 개발 비용까지 기하급수적으로 불어났다.

설상가상으로 2007, 2008년에는 글로벌 금융위기까지 겹치며 돈을 구하기도 힘든 실정이었다. 계속 미뤄지는 출시일로 사기꾼이라며 대중들의 뭇매까지 맞게 된다. 이를 계기로 CEO였던 마틴 에버하드가 물러나고 공동 창업자였던 마크 타페닝 또한 회사를 떠나게 되었다. 투자자들도 하나둘 떠났고 직원들의 월급도 주지 못하는 실정이었다고 한다.

모두가 테슬라는 곧 망할 것이라 했다. 하지만 2008년 9월 그의 또 다른 사업체 스페이스X의 '팔콘 1호'가 발사에 성공하며, NASA로부터 16억 달러의 수주를 받아 가까스로 위기를 벗어날 수 있었다. 이후 '로드스터'는 2008년 출시되어 2012년 단종될 때까지 업그레이드를 지속하며 고급 전기차의 시작을 알렸다.

'로드스터' 뒤로 테슬라 모델S, 모델X, 모델3, 모델Y를 연달아 흥행시키며 SEXY라인을 완성한다. SEXY라는 모델 이름은 일론 머스크가 노린 전략으로 참으로 그다운 발상이 아닐 수 없다.

"우리의 모든 특허는 여러분께 있습니다." 2014년 6월 일론 머스크는 공식 블로그를 통해 세상을 깜짝 놀라게 하는 발표를 했다. 테슬라가 보유한 200여 건에 달하는 특허를 모두 무료로 공개한 것이다. 당장 자신의 눈앞에 이익보다 오픈소스 정책을 통해 전기차 시장을 키우는 것이 훨씬 더 중요하다는 것이 그의 생각이었기 때문이다.

그는 친환경 분야를 전기차에만 국한하지 않았다. '솔라시티'를 통해 친환경 태양광 에너지를 생산, 저장하는 기술을 개발해 지구 온난화 문제 완화와 화성 에너지원 확보를 위해 노력 중이다. 이외에도 진공 튜브에 차량을 띄워 시속 1000km가 넘는 하이퍼루프를 제안, 인공지능 기술 개발, 땅 속 터널을 뚫어 교통체증을 완화하는 '보링 컴퍼니', 뇌와 컴퓨터를 연결하는 '뉴럴링크 프로젝트' 등 다양한 사업을 제안하고 추진 중이다.

한마디로 세상을 바꾸고 있는 일론 머스크이다. 지금 이 시간에도 인류의 미래를 위해 노력하고 있을 그의 혁신이 기대된다. 그리고 그의 마지막 순간에 역사는 그를 어떻게 기록하게 될까.

"나는 이론을 뽐내며 시간을 보내지 않는다. 엔지니어링과 제조의 문제를 해결하는 데 시간을 보낸다." – 일론 머스크

중요한 건 실패에서 배운다는 마음

전기 자동차, 우주 사업 등 모두가 실패할 것이라 했지만, 과감한 의사결정으로 결국 해냈고 현재는 세계인의 기대를 한몸에 받고 있다. 일론 머스크의 성공에서 많은 배울 점이 있지만, 우리의 삶에 크게 작용할 수 있는 몇 가지를 뽑아 보았다.

첫째, 자신이 좋아하는 일에 몰두하고 열정을 쏟았다. 그는 주 120시간을 일할 정도로 워커홀릭이다. 만약 자신이 좋아하는 일이 아니었다면 이것이 가능했을까?

둘째, 목표를 크게 가졌다. 목표의 크기는 성공의 크기와 필연적으로 비례한다. 그 사례를 명확히 보여주고 있다.

셋째, 주변의 비판을 무시하고 자신의 길을 꿋꿋이 걸어갔다. 마치 양들의 비아냥에 흔들리지 않는 호랑이와 같은 자세이다.

그리고 **가장 중요한 것은 실패로 절망하고 무너지는 길을 택하는 대신, 실패를 통해 배운다는 마음가짐이다.** 앞으로 그의 앞날에 얼마나 더 많은 실패와 성공이 기다리고 있을지 모르지만, 지금까지의 그의 행보를 보면 머지않아 우리가 공상과학 영화 속의 주인공이 되는 날이 오지 않을까 싶다. 오늘부터 나는 우주여행을 갈 준비물을 계획해 보아야겠다.

'페이팔 마피아'의 대부, 피터 틸

실리콘 밸리의 스타트업 하면 많은 이들이 떠오른다. 하지만 그중에서 가장 입지전적인 인물은 단연 피터 틸이다. 테슬라, 스페이스X, 에어비앤비, 페이스북, 유튜브에는 공통점이 있다. 하나는 모두 실리콘 밸리에서 탄생한 기업들이고, 또 하나는 모두 피터 틸의 영향을 받은 기업들이라는 것이다. 그는 페이팔의 공동 창업자이자 IT기업 150여 개에 투자한 실리콘 밸리의 거물, 페이팔 마피아의 대부로 불린다. 위기의 순간 모두가 불안에 떨고 있을 때 탁월한 선견지명으로 위기를 기회로 바꾼 대표적인 스타트업 사업가이자 벤처캐피털 투자가이다.

일례로 닷컴버블 붕괴 이후 모두가 페이스북 투자에서 등을 돌릴 때, 마크 저커버그의 재능과 SNS의 성장 가능성을 확신한 그는 50만 달러(한화 약 6억)를 초기 투자하며, 결국 막대한 수익률을 올린 것으로 유명하다. 마크 저커버그는 피터 틸을 두고 "지금의 페이스북을 탄생시킨 내 인생 최고의 조언자."라는 말을 남기기도 했다.

그는 남들이 닦아놓은 길을 재창조하는 것이 아닌 언제나 무에서 유를 창조하는 것을 지향한다. 그는 오늘도 자신의 마피아 조직들과 함께 혁신 생태계를 조성하며 미래를 설계하고 있다.

페이팔, 팰런티어 테크놀로지

1967년 독일에서 태어나 엔지니어인 아버지를 따라 미국 캘리포니아로 이주한 그는 스탠퍼드대학에서 철학을 전공하고, 스탠퍼드 로스쿨을 졸업했다. 하지만 고등학생 시절 수학경시 대회에서 입상하기도 하고, 미국 체스 기사 100위 안에 들 정도로 다양한 분야에서 그 두각을 나타냈다고 한다.

로스쿨 졸업 후 뉴욕의 대형로펌인 '설리번 앤 크롬웰'에 입사하게 되지만, 자신의 적성과 맞지 않아 7개월 만에 퇴사하고 금융업을 거쳐 다시 실리콘 밸리(캘리포니아)로 돌아왔다. 이후 온라인 결제 서비스 회사 '컨피니티'를 설립, 경쟁업체였던 일론 머스크의 'X.COM'과 합병한 회사 '페이팔'을 키우고 '이베이'에 매각하며 막대한 부를 쌓는다.

그러던 2001년 9월 11일 전 세계가 충격에 빠지는 일이 터진다. 두 대의 대형 여객기가 뉴욕 세계무역센터에 충돌하여 높이 100여 층의 쌍둥이 빌딩은 화염에 휩싸이고 이내 거짓말처럼, 거대한 흙먼지와 함께 무너져 내렸다.

9.11테러를 바라본 피터 틸은 애도와 분노하는 것으로 끝내지 않았다. 로스쿨 동기인 앨릭스 카프와 함께 테러의 위협과 사이버 범죄들을 예측하는 빅데이터 회사 '팰런티어 테크놀로지'를 2003년 설립하게 된다.

이후 '팰런티어'는 획기적인 솔루션 시스템을 보유하며 두터운 신뢰를 얻게 되는데, 대표적으로 테러조직 검거, 자금세탁방지 등에 사용되는 '고담', 상업 부분의 결제 데이터를 분석하는 '파운더리', 금융 관련 범죄를 분석하는 '메트로폴리스' 등 세 가지 시스템으로 미국의 FBI, CIA, 국방부, 연방 정부 기관, 금융기업, 군수 기업 등을 주 고객으로 삼을 수 있게 되었다. 현재 4차 산업혁명에서 빅데이터는 가장 중요한 요소로 꼽히기 때문에 팰런티어는 더 크게 성장할 것이라는 전문가들의 추측이 지배적이다.

그렇다면 과연 피터 틸은 어떻게 현재 스타트업 사업가로서 그리고 투자가로서 실리콘 밸리의 거물이 되었는지 알아보자.

경쟁으로는 성공할 수 없다

피터 틸의 저서 『제로 투 원』에서 **인류 진화의 혁신을 가져오는 위대한**

발명들은 모두 0에서 1로 나왔을 때 시작되었다고 전하고 있다. 현재 많은 기업들이 기존에 존재하던 것에서 조금 다르고 편리하게 바꿔 재창조하며 출시하고 있다.

예를 들어, 배달앱이 하나 흥행하면 비슷한 배달앱들이 쏟아져 나오고, 숙박앱이 하나 흥행하면 비슷한 앱들이 쏟아져 나오는 것처럼 말이다. 하지만 그가 지향하는 0에서 시작해 1로 만드는 것은 전혀 새로운 것을 만드는 것이므로 그보다 한 단계 고차원적인 문제이다.

그는 **비즈니스에서 경쟁이란 아무도 이윤을 얻거나 발전하지 못하고, 그저 생존을 위해 싸우면서 버티는 것이라 이야기한다. 경쟁은 일종의 이데올로기적 강박관념으로 해묵은 기회를 n분의 1로 나누며 이는 기업의 근본적인 질문을 백지화시킨다고 한다. 그는 경쟁 대신 힘을 합치고, 독점하라고 강조했다.** 그런 그의 경영 철학 때문일까?

일론 머스크의 'X.COM'과 경쟁 대신 합병하며 경쟁을 피했고, 실리콘밸리에서 세상에 없던 혁신적인 기술을 가진 기업에 투자하며 성공을 일구어냈다. 피터 틸의 철학을 받아들이기란 조금 어렵게 느껴지기도 한다. 실제로 기존의 것에서 고객의 니즈를 충족시키며 조금 다르게 재창조해 성공한 기업들도 넘쳐나기 때문이다.

하지만 이를 개인의 삶에 적용해보았을 때를 생각하면 또 달라진다. **타인과 비교, 경쟁하면 불행해지지만, 타인의 장점을 인정하고, 나의 부족함을 채울 수 있는 누군가와 협력하면 발전의 속도는 빨라진다.** 기업과 개인의 차이일 뿐 분명 같은 맥락이다.

창업의 스펙트럼을 좁혀라

피터 틸은 경쟁 대신 독점하라고 강조했다. 그리고 그 방법을 네 가지로 정의하고 있다.

첫째, 작게 시작해서 독점화하라 : 보통 한 기업의 독점이라 하면 가격을 마음대로 정하고 폭리를 취하는 등의 좋지 않은 시선이 있다. 하지만 피터 틸이 말하는 '독점'은 조금 다른 개념이다. 백지상태에서 대형 은행을 세우겠다는 생각보다 한 지역의 중산층을 대상으로 하는 은행 서비스와 같이 좁은 범위부터 시작하라는 이야기이다. 즉, 처음부터 큰 시장을 공략하지 말고 소외된 작은 시장을 공략하는 것이 오히려 성공 가능성이 높다는 주장이다.

실제로 그가 공동 창업했던 페이팔은 '이베이'의 파워 셀러들을 타깃으로 마케팅했다고 한다.

둘째, 몸집 키우기 : 작게 시작해 성과가 나기 시작한다면 몸집을 조금씩 키워 나간다는 전략이다. 페이스북 또한 처음부터 세계시장을 공략한 것이 아니다. 초기, 하버드대학 내에서만 서비스를 시행하다가, 반응이 좋자 아이비리그 전체로 그리고 점점 그 덩치를 늘려가며 미국 전역 이내 세계시장으로 발을 넓혔다.

셋째, 파괴하지 마라 : 인접 시장으로 확대하려면 기본 시장을 파괴하면 안 된다. 그는 '냅스터'의 사례를 들었다. 냅스터는 음원 공유 시스템을 통해 기존 음반 시장을 파괴하려고 했지만 음반 시장의 반발과 소송으로 결국 '냅스터'는 해산하게 되었다.

반면 페이팔은 기존의 카드 시장을 파괴하지 않고 오히려 카드사가 페이팔을 도구로 사용하게 만들었다. 우리나라의 네이버도 기존의 신문사와 경쟁하지 않고, 신문사가 네이버를 도구로 활용하게 만들며 공생하고 있다. 덕분에 우리는 네이버에서 모든 신문사의 기사를 접할 수 있게 되기도 했다.

넷째, 라스트 무버가 1등이 된다 : 퍼스트 무버(선구자)의 혁신은 시장 선점에 분명 유리하다. 하지만 퍼스트 무버가 재혁신을 한 후속 기업에게 따라 잡힌다면 아무 소용이 없다. 따라서 퍼스트 무버는 지위 유지를 위해 계속 혁신해 나가야 한다. 만약 그렇지 못하다면 라스트 무버(후발주자)가 훌륭한 발전으로 독점 이윤을 누리면서 퍼스트 무버는 자연스레 묻히게 된다.

다음은 대표적인 라스트 무버 기업들의 추월 사례이다. 검색엔진 야후(퍼스트 무버) → 구글(라스트 무버), 대한민국의 세이클럽, 다모임, 싸이월드(퍼스트 무버) → 메타〈인스타그램, 페이스북〉(라스트 무버), 중고

나라(퍼스트 무버) → 당근마켓(라스트 무버), 포털 다음(퍼스트 무버) → 네이버(라스트 무버), 먼지 봉투 판매를 포기할 수 없었던 진공청소기 기업 후버(퍼스트 무버) → 다이슨(라스트 무버) 이와 같이 비즈니스는 지속적인 혁신이 없다면 후발주자에게 무조건 유리하다는 것이다.

서던캘리포니아대학(USC)의 텔리스 교수와 그의 연구팀은 500개가량의 기업을 선발해 연구한 결과 퍼스트 무버 기업이 10년 이내에 실패할 확률이 47%인 데 반해 라스트 무버의 실패율은 8% 수준으로 퍼스트 무버가 실패할 확률이 무려 5배가량 높았다.

우리는 이미 누군가가 하고 있기 때문에, 경쟁력을 갖기 쉽지 않다고 판단하기 때문에 도전을 망설이는 경우가 많다. 하지만 선구자들은 이 길은 성공할 수 있다는 것을 증명해 주었을 뿐이다. 위 사례들을 보면 '성공의 수'는 마지막에 있다.

초기 사업 시 생각해야 하는 일곱 가지 질문

그는 초기 사업 시 창업자가 생각해야 하는 일곱 가지 질문을 제시하였다.

1. 점진적 개선이 아닌 획기적인 기술을 만들어 낼 수 있는가?

2. 계획한 사업을 시작하기에 지금이 적기인가?

3. 작은 시장에서 큰 점유율을 가지고 시작하는가?

4. 제대로 된 팀을 꾸렸는가?

5. 제품을 단지 만들기만 하는 것이 아니라, 전할 방법을 갖고 있는가?

6. 시장에서 현재의 위치를 향후 10년, 20년간 존속할 수 있는가?

7. 다른 사람들은 보지 못하는 독특한 기회를 포착했는가?

자신만의 마피아 조직을 만들어라(주변인의 중요성)

피터 틸의 성공에는 선견지명과 투철한 자신의 철학도 있었지만, 보다 중요한 요소는 '사람'이다. '페이팔'의 직원들은 하나같이 '괴짜'였으며 각자의 일에 미쳐 있는 사람들이었다.

피터 틸은 그런 그들을 동료 이상의 친한 친구라 여기며 다가갔고, 그들은 한 팀이 되었다.

덕분에 '페이팔 마피아'들은 스스럼없이 사업을 제안하고, 비판하고, 토론하고, 서로에게 투자하며 함께 미래로 나아갈 수 있었다. 특히나 스타트업은 한정된 인력으로 중요한 결정을 내려야 하기 때문에 팀워크가 무엇보다 중요하다. 그런 의미에서 그가 말하는 친한 친구의 의미는 조금 남다르다.

자신이 어떤 사람인지 잘 모르겠다면 자신의 주변 사람 3명을 보면 그것이 곧 나의 모습이라고 한다. 피터 틸의 주변에는 테슬라, 스페이스X 창업자 일론 머스크, 유튜브 창업자 스티브 첸, 링크드인의 창업자 리드 호프먼이 있었다. **현재 당신의 주변에는 누가 있는지 한번 둘러보자.**

핀테크 시대의
주역,

맥스 레브친

'페이팔' 하면 피터 틸과 일론 머스크가 가장 먼저 떠오른다. 하지만 맥스 레브친을 빼놓고는 '페이팔'을 논할 수 없다. 앞서 일론 머스크, 피터 틸을 소개하면서 페이팔이 어떻게 성장할 수 있었는지에 대해 언급하지 않았다.

그 이유는 페이팔의 전신 '컨피니티'의 공동 창업자이자 천재 엔지니어 맥스 레브친을 위해 아껴 두었기 때문이다. 두 거물의 명성에 가려 제대로 평가받지 못했지만, 가장 핵심이 되는 인물이며 그가 없었다면 페이팔은 도산할 수도 있었다.

페이팔 매각 후 20대에 엄청난 부를 쌓았지만, 지속적인 창업과 전망 밝은 스타트업에 투자하며 실리콘 밸리의 '연쇄 창업가'라고도 불린다.

현재에도 자신이 창업한 실리콘 밸리의 가장 핫한 기업 중 하나로 꼽히는 '어펌'에서 하루 18시간씩 일에 매달리는 워커홀릭의 삶을 살아가고 있다. "시간이 흐른다고 미래가 되진 않는다"고 말하는 맥스 레브친의 성공 핵심 요인은 거듭되는 행동과 실패 속에서 찾은 아이디어였다.

우크라이나에서 온 연쇄 창업가

맥스 레브친은 1975년 우크라이나 유대인 가정에서 태어났다. 유년기 시절 대부분을 우크라이나에서 보냈던 그는 1986년 체르노빌 원전 폭발 사고가 터지자, 사태의 심각성을 인지한 부모님을 따라 16살에 미국 시카고로 건너와 정착했다.

컴퓨터에 관심이 많았던 그는 일리노이 대학에서 컴퓨터 공학을 전공했는데 특히 '보안 기술'과 창업에 관심이 많았다고 한다. 그래서 대학 시절 3번의 창업을 했는데, 그중 하나가 1996년 자동화 마케팅 툴 '넷 메리디안 소프트웨어'였다. 그는 직접 창업한 '넷 메리디안 소프트웨어'를 마이크로소프트에 매각하며 성공을 맛봤다. 그렇게 학업과 창업 경험을 모두 갖추고 일리노이 대학을 졸업했다.

대학원에 진학하는 대신 실리콘 밸리라는 무대에서 제대로 창업하고 싶었던 맥스 레브친은 1998년 팔로알토로 향했다. 그리고 그곳에서 한 헤지펀드 매니저를 만나며, 자신의 꿈을 펼치게 된다.

헤지펀드 매니저와의 만남

팔로알토에 있는 친구의 집으로 이사 온 그는 창업의 기대를 품으며, 스탠퍼드대학에서 많은 강의를 접했다. 그러던 중 한 헤지펀드 매니저의 강의를 수강하게 되는데, 해당 강의는 수강생이 6명밖에 없을 정도로 인기가 없었다.

그 강사가 바로 당시 헤지펀드 매니저 피터 틸이었다. 이는 '페이팔' 탄생을 알리는 역사적 만남이었다.

레브친은 피터 틸과의 식사 자리에서 소형기기에 암호화된 정보를 저장하는 보안기술 아이디어를 설명했다. 시간이 얼마 지나지 않아 피터 틸은 약 20만 달러의 투자 의사를 밝혔고, 이내 회사를 설립했다. 하지만 한 가지 문제가 있었다.

엔지니어였던 맥스 레브친은 회사를 운영해 줄 CEO가 필요했다. 두 가지의 일을 하기에는 한계가 있었기 때문이다. 시카고 출신이었던 그가 실리콘 밸리에서 유능한 CEO를 구하기란 쉽지 않았고, 이런 상황을 피터 틸에게 고스란히 전했다.

당시 그들의 대화 내용을 제시카 리빙스턴의 저서 『세상을 바꾼 32개의 통찰(Founders at work)』에서 볼 수 있었다.

"당신의 투자는 고맙지만, 회사를 운영할 사람이 없다. 일단은 프로그

램을 설계하고 프로그래머를 채용해서 일을 진행하겠다."라고 했다. 그러자 피터 틸이 "그렇다면 내가 CEO가 되는 것이 어떻겠느냐?"고 물었고, 난 "아주 좋은 생각이다."라고 답했다.

그렇게 1999년 1월 피터 틸은 CEO(최고경영자)를, 맥스 레브친은 CTO(최고기술경영자)를 맡게 되며 역사의 첫걸음을 뗐다.

6번의 실패 끝에 찾아온 황당한 성공

맥스 레브친의 계획대로 개인용정보단말기(PDA)를 내놓았지만, 소형기기 보안에 돈을 지불하려는 고객의 수요가 없었다. 그렇게 그들의 첫 번째 계획이었던 plan A는 실패로 돌아갔다.

그들은 곧바로 계획을 수정했다. PDA가 아닌 PC용 보안 소프트웨어 판매로 방향을 선회하며 plan B를 실행하는데, 그 또한 고객들의 선택을 받지 못했다. 그렇게 plan C, plan D, plan E까지 모두 실패로 돌아갔다. 실패를 거듭하던 맥스 레브친은 절망하는 대신 계속 방법을 찾아 헤매었다. 그러자 그의 머리를 스치는 아이디어 하나가 떠올랐다.

"정보를 암호화해 전송할 수 있다면, 돈도 암호화해서 보낼 수 있지 않을까?" 그렇게 'plan F인 팜파일럿(개인용정보단말기, PDA)으로 돈을 송금한다.'라는 생각을 하게 되었고, 그에 앞서 대중들에게 팜파일럿으로 송금이 가능하다는 기능을 시연하기 위해서 PC 기반의 데모 버전을 공개하기에 이른다. 그런데 놀라운 일이 일어났다.

plan F의 성공을 위해 만들어진 PC 데모 버전 plan G가 사람들에게 큰 주목을 받게 된 것이다. 그는 황당스러웠지만, 소비자의 니즈를 따라가기로 결정했다. 이렇듯 소비자의 니즈를 따라 실패를 거듭하며, 처음 계획했던 아이디어와는 전혀 다른 회사가 된 곳이 바로 '페이팔'의 전신인 '컨피니티'이다.

페이팔이 비약적인 성장을 한 이유

2000년 '컨피니티'와 일론 머스크의 'X.COM'이 합병한 '페이팔'은 성공적으로 회사를 키워내며 2002년 이베이에 15억 달러(한화 약 1조 7,000억 원)에 매각됐다. 당시 레브친의 지분은 2.3%로 약 3400만 달러를 벌어들였다. 하지만 페이팔의 성장하기까지는 결코 순탄하지 않았다.

당시 '페이팔'이 '이베이'에 입점하며 많은 돈을 벌어들이자, 후발 주자인 업체들이 우후죽순처럼 늘어났다. 그러던 중 업계에 대형 사건이 터지게 되는데, 바로 해커들의 등장이었다.

해커들은 업체들의 돈을 빼내기 시작했고, 해결책을 찾지 못해 도산하는 기업들이 속출했다. '페이팔' 또한 예외는 아니었다. 회사의 손실을 감지한 CTO(최고기술경영자) 맥스 레브친의 발등에 불이 떨어졌다. 해커들의 공격을 막기 위해 인턴 직원이었던 밥과 해커의 공격을 막아내기 위한 연구에 사활을 걸었다.

그렇게 탄생한 것이 기계나 컴퓨터는 식별할 수 없는, 오직 사람 눈으로만 판독이 가능한 숫자판 형태의 테스트이다. 또한 컴퓨터가 스스로 거짓 정보를 식별해 내는 솔루션 'IGOR' 패키지를 발명했다. 그들의 대활약으로 위기를 타개하고 '페이팔'은 타 업체보다 신뢰를 더욱 두텁게 쌓으며 성장 속도를 가속화할 수 있었다. 이를 계기로 2002년 MIT의 〈테크놀로지 리뷰 매거진〉 선정 올해의 발명가로 선정되는 영광을 누리기도 했다.

'페이팔'의 사업 계획, 창업, 개발, 위기, 극복, 성장을 최일선에서 이끈 맥스 레브친은 매각 이후 엄청난 부를 얻고 자신을 위한 휴식에 들어갔다.

"은퇴하기에는 내가 너무 젊다."

휴식 중이던 그의 머릿속에는 유대인의 '게으름은 죄'라는 철학이 계속 맴돌았다. 그렇게 맥스 레브친은 페이팔보다 더 큰 회사를 만들겠다는 야망을 품었다.

그는 〈뉴욕타임즈〉와의 인터뷰에서 **"은퇴하기에는 내가 너무 젊다. 자선활동을 하며 여생을 보내기에는 에너지가 넘친다."**라고 말하며 다시 창업 전선에 뛰어들었고, 그와 동시에 투자가로서 활동을 시작했다.

2004년 사진, 동영상 공유 웹사이트 '슬라이드닷컴' 창업과 동시에 미국 맛집 평판 서비스인 '옐프'에 100만 달러를 투자한다. 이후 '슬라이드닷컴'은 2010년 구글에 매각, '옐프'에서는 이사회 이사를 거쳐 2015년까지 회장에 역임하며 막대한 수익을 얻었다.

이밖에도 10개가 넘는 스타트업에 투자했으며, 2011년부터는 테크 인큐베이터 기업 'HVF(Hard Valuable Fun)'를 설립해, 스타트업을 발굴하고 투자하는 등 그들의 성장을 돕고 있다. 그럼에도 자신이 여전히 좋은 기업을 만들어 낼 수 있다는 자신감과 창업에 대한 열정이 타올랐던 그는 MZ세대를 사로잡은 핀테크 기업을 탄생시켰다.

MZ세대를 읽은 '어펌'의 탄생

기존의 온라인 거래는 신용카드의 번호와 주소, 전화번호 등을 입력해야 되는 번거로움이 있었다. 2012년 그는 이를 해결하고 신용카드 없이도 5초 이내에 온라인 결제를 할 수 있는 핀테크 기업 '어펌'을 창업했다.

'어펌'이 아마존과 같은 대형 이커머스 업체들과 제휴를 맺고, 금융의 혁신이라 불리는 것은 기존 '페이팔' 방식의 선지불 결제 시스템이 아닌, 후지불(Buy Now Pay Later, BNPL) 결제 시스템과 할부 구매가 가능하다는 점이다.

이는 온라인 거래에 익숙한 MZ세대에게 선풍적인 인기를 끌었다. 그 이유는 소득이 부족하고 신용등급이 낮은 MZ세대가 빚을 내지 않고도 약간의 수수료만 내면 소비가 가능했고 할부로 인해 그 부담감도 확연히 줄었기 때문이다.

무서운 기세로 성장한 '어펌'은 2021년 미국 나스닥에 상장 첫 거래일에 주가가 98% 오르며 성공적으로 시장에 안착했다. 현재에도 맥스 레브친은 '어펌'의 더 큰 성장을 위해 하루 18시간씩 업무에 매진하고 있다고 전해진다. 번외로, 국내에서 '어펌'이 유명세를 타지 않은 이유는 한국은 신용카드의 할부 서비스가 이미 보급화되었기 때문이다.

실패는 경험과 아이디어가 되고, 성공은 더 큰 성공을 낳는다

"수많은 실패가 나의 자양분이 되고, 성공은 더 큰 성공을 낳는다"의 대표적인 예가 맥스 레브친이 아닐까 싶다. 혹자는 도전하는 누군가에게 그만하면 열심히 했다, 좀 편하게 생각하고 좀 쉬라고 조언한다. 하지만 **편한 길을 택했다면 그는 이미 도전자가 아니다. 도전자에게 그 말은 오히려 독이 될 뿐이다. 그들은 계속해서 방법을 찾고 있다.**

조사한 바에 따르면 사업에는 단순한 진리가 있는데, 창업자가 불편해야 고객이 편하고 이는 곧 돈이 된다는 것이다. 그는 6번의 실패를 겪으면서도 계속해서 연구하고 고객의 수요를 찾아 수정에 수정을 거듭했기 때문에 결국 성공할 수 있었다. '어펌'의 성공도 '페이팔'을 모티브로 한 수정본이라 할 수 있다.

'용두사미(龍頭蛇尾)' 시작은 거창하지만, 끝은 흐지부지하다는 뜻이다. 거창한 시작을 하고 결과가 미미해 흐지부지하게 포기하는 대신 조금씩 수정하면서 방법을 찾는 자세가 '용두사미(龍頭蛇尾)'를 타개하고 끝까지 해내는 해결책일 것이다.

동영상 시장의
뉴 패러다임 '유튜브',

스티브 첸

"가수 싸이 유튜브 최초 10억 뷰 달성!", "블랙핑크 지수 유튜브 채널 반나절도 채 지나지 않아 구독자 100만 명 달성", "블랙핑크 저스틴 비버 제치고 가수 유튜브 구독자 수 세계 1위" 현 시대, 연예인들의 인기를 가늠하게 해주는 기사들이다.

큰 화면보다 작은 화면으로 보는 세상이 익숙하고, TV의 시청률보다 조회 수, 구독자, 좋아요의 수가 파급력이 더 강하다.

2005년 이전까지는 누구나 쉽게 영상을 게시하고 공유할 수 있는 채널이 없었다. 하지만 유튜브의 등장으로 누구나 동영상을 쉽고 빠르게 공유할 수 있게 되었다. 방송사 공채 없이도 자신만의 개성과 콘텐츠 창작으로 연예인 버금가는 인기와 부를 누리기도 한다. 최근 10대들의 장래 희망 조사에서 유튜버가 지속적으로 상위에 오르며, 시대의 변화를 체감시켜 주고 있기도 하다.

국내 앱 분석 서비스 **〈모바일 인덱스〉의 분석에 따르면, 2022년 9월 유튜브앱 사용자 수는 4,183만 명으로, 대한민국 인구 약 5,163만 명 중 81%가 사용하는 것으로 나타났다.**

이렇듯 동영상 시장을 완벽하게 장악한 유튜브를 이야기할 때 빼놓을 수 없는 인물이 창업자 스티브 첸이다. 그는 가슴의 소리에 따라가는 도전 정신, 역경을 이겨낸 과정, 동료와의 긴밀한 파트너십 등의 특징으로 실리콘 밸리 스타트업의 교과서로 불린다.

부속품이 되기 싫었던 스티브 첸

대만에서 태어나 8살 때 미국 일리노이주로 이주한 스티브 첸은 학창시절, 학업에 영향을 끼칠 만큼 밤새도록 게임을 하거나 프로그램을 설계했다고 한다. 이후 일리노이 대학 컴퓨터 공학과에 입학했지만, 1999년 그 또한 실리콘 밸리의 유혹을 참지 못했다.

이미 실리콘 밸리의 상징이 되어버린 대학 중퇴를 결정하고, 혈혈단신으로 실리콘 밸리에 입성한다. 그의 손에는 단돈 200달러가 전부였다.

그렇게 처음 그가 마주한 직장이 '페이팔'이다.

스티브 첸은 넘쳐나는 업무로 숙식을 회사에서 해결해야 되는 환경이었지만, 늘 에너지가 넘치는 페이팔의 생활에 만족했다. 특히 엔지니어와 디자이너가 협력해 주도적으로 아이디어를 내고, 이를 바탕으로 사업을 시작하는 페이팔의 운영시스템이 아주 매력적이었다고 한다.

이런 경험을 통해 그는 회사가 하는 모든 일이 의미 있음을 알게 되었고, 자신과 동료들의 노력으로 회사가 성장하는 과정을 지켜보았다. 하지만 페이팔이 이베이에 매각된 후 그가 마주한 '이베이'의 경영 시스템은 엔지니어의 발언권이 없었고, 조직이 수직적이었다.

기존의 페이팔과는 상반되는 틀에 박힌 답답한 경영 방식에 스티브 첸은 2005년, 결국 페이팔을 떠나기로 결심한다. 일의 의미를 잃은 단순 부속품이 되는 것이 싫었기 때문이다.

YOU '모든 사람', TUBE 'TV'의 시작

스티브 첸과 친구들이 파티를 열었고, 당시 촬영한 사진과 동영상들을 공유하고 싶었다고 한다. 하지만 이메일로 쉽게 전송할 수 있는 사진과는 달리 동영상은 공유할 방법이 까다로웠다. 그 불편을 해결하기 위해서 동영상 스트리밍 사이트 아이디어를 떠올렸다고 한다. **여기까지가 홍보 차원에서 스티브 첸이 지어낸 이야기이다.**

시간이 지나 밝혀진 사실에 따르면, 2005년 스트리밍 서비스가 개발되었고, 디지털카메라의 보급으로 동영상 공유라는 아이디어를 떠올리게 되었다고 한다. 하지만 프로그램 엔지니어였던 그는 동영상 서비스에 대해 무지했다. 그래서 아무런 준비 없이 그냥 시작했다고 한다.

그의 말에 사람들이 의문을 품었지만, 그는 단 한마디로 의문을 종결시켰다. **"모두 다 갖춰서 시작한다는 것은 이미 시작이 아니다."** 모든 준비가 된 후에 시작하겠다는 것은 하지 않겠다는 말과 같다고 생각한 것이다. 그는 곧바로 페이팔에서 마음이 잘 맞았던 동료 디자이너 채드 헐리, 엔지니어 자웨드 카림과 차고에 모여 의기투합했다.

그렇게 '모든 사람'을 뜻하는 You, 'TV'를 뜻하는 Tube를 합친 YouTube를 탄생시켰다.

시작. "Me at the zoo", 폭발 호나우지뉴

2005년 4월 25일 "Me at the zoo"라는 제목에 19초짜리 첫 영상을 업로드했다. 모든 위대한 시작이 미미했듯이 유튜브의 시작 또한 미미했다. 초기 유튜브의 사용자는 창업자 본인들이 전부였다. 사용자들을 모으기 위해 아이팟을 상품으로 주는 이벤트까지 열었지만, 그다지 큰 효과를 보지 못했다. 변화가 필요했던 그들은 전세를 역전시킬 중요한 결단을 내렸다.

사용자들이 유튜브의 영상들을 타 사이트에 쉽게 '퍼 나르기'를 할 수 있게 한 것이다. 당시에는 상상할 수도 없었던 유튜브의 행보에 타 동영상 서비스 업체들은 미친 짓이라 평가했다. '퍼 나르기' 기능은 유튜브에 가입하지 않고도 누구나 다른 사이트에서 유튜브 영상을 볼 수 있기 때문에 사용자들의 트래픽이 중요한 온라인 사업에서는 치명적이었다.

하지만 이는 예상을 뒤엎고 유튜브의 비약적인 성장에 원동력이 되었다. 사용자 입장에서는 무료 광고 수단이었고, 그 광고에는 유튜브의 링크가 따라다니며, 자연스레 많은 사람들에게 노출되었기 때문이다. 유튜브를 성장시킨 대표적인 광고 영상이 바로 나이키 광고이다.

2005년 10월 당대 최고의 축구선수 호나우지뉴가 엄청난 슈팅으로 골대를 계속 맞추는 영상이 유튜브에 공개되며, 사람들의 이목을 집중시켰다. 이 영상을 보기 위해 사람들은 유튜브로 몰려들었고, 최초 100만 뷰를 달성하며 사용자들이 폭발적으로 늘어났다.

수입 없는 유튜브의 기업 가치는 2조

가입자 수가 늘고, 사용자들의 트래픽 또한 많이 발생하며 유튜브는 창업 단 1년 만에 빠르게 성장했다. 하지만 빠른 성장만큼 많은 문제들을 안고 있었다. 첫째, 뚜렷한 수익의 구조가 없었다. 둘째, 과중한 업무로 인한 임직원들의 피로도가 극에 달했다. 셋째, 데이터 센터와 인터넷망 확충의 문제가 발목을 잡았다. 넷째, 저작권의 문제였다.

쉽게 말해 운영 자금이 부족했다. 세쿼이어캐피탈로부터 투자를 받았지만 이를 해결하기에는 턱없이 부족했다. 자금이 바닥을 드러내자, 그는 신용카드 한도를 최대로 늘려 일명 '카드 돌려막기'를 하며 하루하루를 버텼다고 한다. 대기업의 도움이 절실했다.

때마침, 드라마틱한 사건이 일어났다. 당시 최고의 포털사이트 야후와 구글이 유튜브에 인수합병(M&A)을 제안했다. 주 100시간이 넘는 근무시간으로 지친 임직원들과 스티브 첸은 모두 인수합병에 찬성했다.

더 좋은 비전을 제시한 구글에게 16만 5,000만 달러(한화 약 2조 원)에 합병되었다. 이는 스티브 첸에게 엄청난 부를 가져다 준 동시에 보다 안정적으로 서비스를 운영할 수 있게 한 계기가 되었다. 인수 후에도 스티브 첸과 공동 창업자 채드 헐리의 자리는 보존되었다.

이후 기업의 광고와 광고 없이 볼 수 있는 유튜브 레드(현 유튜브 프리미어)등을 추진하며 수익화에 성공했고, 2010년에 흑자로 전환하며 현재까지 구글 실적에 지대한 공을 세우고 있다. 그리고 이 세계 최대의 동영상 플랫폼에 대적할 기업은 아직까지 보이지 않는다.

스티브 첸과 유튜브 임직원들이 더 대단한 사실은 2조 원의 거액에 매각했다는 사실이 아니다. 인수합병 전에 구글 또한 '구글 비디오'를 운영하고 있었다. 최고의 엘리트들로 구성된 대기업 구글을 80여 명의 직원들과 기술 개발자가 단 4명밖에 없는 소기업이 제압한 것이다. 이는 두

고두고 회자될 사건 중의 하나일 것이다.

죽음의 고비와 깨달음

많은 돈을 벌어들이고, 구글의 품에서 안정적으로 유튜브를 운영하던 2007년, 출장에서 돌아오는 비행기 안에서 기절한 스티브 첸이 눈을 뜬 곳은 병원의 응급실이었다. 그리고 '뇌종양(혈전성 거대 동맥류)'이라는 청천벽력 같은 판정을 받았다.

죽음의 고비였던 뇌종양 수술 후 "내가 하고 싶은 것을 하면서 살아야겠다."라고 생각한 첸는 가장 비싼 골프채와 카메라를 사서 취미생활을 즐겼다. 하지만 시간이 지나면서 이내 흥미를 잃고 그는 다시 생각에 잠겼다. "내가 진짜로 원하는 것이 무엇일까?" 그 해답을 찾는 데는 그리 오래 걸리지 않았다.

그가 가장 잘할 수 있고, 그를 행복하게 하는 것은 바로 '문제를 찾고 해결하는 것'이었다. 높은 연봉과 복지를 제공하는 안정적인 대기업은 그의 가슴을 뛰게 하지 않았다. 그렇게 그는 다시 한 번 창업을 결심하고 실리콘 밸리로 돌아와 '아보스(AVOS)'를 창업하는 새로운 도전을 거쳐, 현재는 사업가이자 투자가로 활동을 이어가고 있다.

사람의 발자국이 많이 닿은 길보다, 항상 어려운 길을 걸어가는 스티브 첸. 그에게 결과를 예측할 수 있는 일은 지루하기 짝이 없는 일이다.

번외로 스티브 첸은 2008년 1월 유튜브 코리아가 설립될 당시 한국을 방문했는데 당시 구글 코리아의 직원이었던, 한국인 박지현 씨를 만나 1년간의 열애 끝에 결혼하였다고 한다.

"부는 단지 결과일 뿐입니다. 바로 그러한 생각이 당신을 큰 부자에서 멀어지게 하는 생각입니다." – 스티브 첸

"모두 다 갖춰서 시작한다는 것은 이미 시작이 아니다."

"일단 행동해라."라는 말은 자기계발서의 단골 멘트이다. 하지만 이루고 싶은 꿈이 있어도 "뭘? 어떻게?"라고 의문을 갖고 시작을 망설이거나, 하지 못할 핑계나 이유를 찾는 이들도 있다. 그는 이를 두고 **"너무 심오하게 생각하지 마세요. 너무 재지도 마세요. 마음 가는 대로 한 번이라도 해보라는 거죠. 틀리면 어때? 다시 하는 거지 뭐!" (〈머니투데이〉 유병율 기자와의 인터뷰 中)**라는 자세로 도전하라고 일러 주고 있다. 실제로 스티브 첸의 실리콘 밸리 최초 입성이 그랬으며, 유튜브의 시작 또한 그랬다. 그렇다. **완벽한 준비란 없다. 완벽은 행동을 미루며 최적의 시기를 놓칠 수 있다. 허울 좋은 완벽주의에서 벗어나야 하는 이유이기도 하다.** 또한 그의 창업 과정에서 우리는 많은 것을 배울 수 있다.

좋은 파트너와 함께하는 것, 일단 시도를 해야 성과를 알 수 있다는 것, 한 가지에 미친 사람처럼 열정을 쏟아야 하는 것, 생각을 깊고 짧게

하고 빠르게 실행하는 것, 마지막으로 다윗이 골리앗을 이길 수 있다는 것을 몸소 가르쳐 주었다. 굳이 창업이 아니더라도 우리가 새로운 것에 도전할 때는 역경을 필연적으로 마주한다.

만약 역경이 없이 일이 순탄히 흘러간다면 꼭 의심해봐야 한다. 이는 각 분야에서 성공한 모든 이들의 스토리에서 증명되고 있다.

당신의 가슴을 뛰게 하는 무언가 있다면 한 번쯤 가슴의 소리에 귀 기울여보고, 역경을 마주할 마음의 준비를 해보자.

비즈니스 SNS의 창시자,

리드 호프먼

'페이팔 마피아', 실리콘 밸리 하면 리드 호프먼을 빼놓을 수 없다. 그는 실리콘 밸리에서 가장 넓은 인맥 네트워크를 가지고 있는 사람이며, 실리콘 밸리에서 스타트업을 생각한다면 가장 먼저 찾아야 할 인물로 꼽히고 있다.

리드 호프먼은 좁은 시장을 공략한 SNS 서비스 '링크드인'을 창업해 엄청난 성공을 거둔 CEO이자 직장 생활, 고위 임원, 엔젤투자가, 벤처캐피탈투자가 등 사업의 거의 모든 분야를 고루 섭렵한 능력자로 기업의 어떠한 문제도 해결할 수 있는 유일무이한 인물이기 때문이다.

성공적인 경험으로 무장해서일까? '족집게 투자가'라 불릴 만큼 기업을 보는 안목도 출중하다. 그가 지목해 투자한 스타트업은 큰 성공을 거둔 유니콘 기업이 많다. 대표적으로 페이스북, 에어비앤비, 징가, 그루폰 등이 있다. 이외에도 그가 투자한 기업은 60개가 넘는다.

자신의 성공은 물론, 주변의 성공도 돕고 있는 그에게 현재에도 스타트업 문의 메일이 하루에도 수십 통씩 온다고 한다. 그러나 리드 호프먼은 메일을 읽을 수 없다고 선을 그으며 "당신을 소개해 줄 수 있는 사람을 먼저 찾으라."며 인맥 네트워크를 특히 강조하는 인물이기도 하다.

차근차근 밟아온 경험들

리드 호프먼은 1967년생으로 실리콘 밸리(캘리포니아 팔로알토)에서 태어났다. 그는 학창 시절을 버몬트 주에 위치한 '더 퍼트니 스쿨'을 다니며 보냈는데, 그 시기에 롤플레잉 게임에 빠져 있었다고 한다. 그렇기 때문일까. 그는 훗날 어려서부터 보드게임을 즐겨하면 다양한 문제 해결 경험을 키울 수 있다고 말하기도 했다.

이후 고향으로 돌아와 1990년 스탠퍼드대학에서 기호체계(Symbolic Systems)를 전공했고, 이때 피터 틸을 만나 친구가 되었다. 당시 학자의 꿈을 가지고 있던 리드 호프먼은 마샬 장학금을 받아 1993년 영국 옥스퍼드대학 철학 석사학위를 취득했다. 하지만 당시 PC 혁명이 감지되자 사람들의 삶을 바꾸는 더 큰 영향력을 발휘하고 싶었던 그는 소프트웨어 사업가로 진로를 변경했다.

창업에 필요한 기술과 노하우를 얻기 위한 가장 빠른 길은 동종업계 취업이라 생각한 호프먼은 '애플', '후지쯔'에서 소프트웨어 설계자로 경험을 쌓으며 창업을 준비했다.

그렇게 1997년 남녀를 매칭해주는 온라인 데이트 서비스 '소셜넷닷컴'을 오픈하며 창업 전선에 뛰어들었다. 비슷한 시점 스탠퍼드대학 동문이던 피터 틸이 '컨피니티'로 그를 끌어들이며 동행하게 되었다. 이후 '페이팔'의 부사장을 지내면서 카드사, 금융기관, 파트너 관리와 정부, 법률문제, 홍보, 전략, 결제 등의 관리 업무를 맡으며 다방면으로 유감없이 그 능력을 펼치기 시작했다. 이런 그를 두고 피터 틸은 '최고의 소방관'이라는 별명을 붙였다고 한다.

처음 창업한 '소셜넷닷컴'은 닷컴 버블과 내부 갈등으로 인해 묻혔지만, '페이팔'이 '이베이'로 매각되면서 그 또한 백만장자의 반열에 올랐다.

비즈니스 네트워크의 성지 '링크드인'

2003년 페이팔 매각 후 휴식을 취하고 있던 그는 문득 아이디어가 떠올랐다. 망설이지 않고, 이내 자신의 연락처에 있는 사람들을 추려내 전공, 직업, 연락처 등 프로필을 작성해 자신이 만든 홈페이지에 올렸다. '링크드인' SNS가 탄생하는 순간이었다.

'페이스북'이 개인의 사생활을 공개하고 친구를 만드는 단순 친목 위주라면, '링크드인'은 전공, 자격증, 입상 경력, 외국어 능력, 대외활동 경력 등 개인의 스펙을 작성해 업로드하는 비즈니스에 특화된 SNS이다.

이는 구인 구직은 물론 비즈니스적인 인맥을 쌓고자 하는 사람들에게 선풍적인 인기를 끌었다. 미국뿐 아니라 해외까지 서비스를 확장하며, 세계 최대의 비즈니스 SNS로 자리 잡았다. 덕분에 200여 국가 사람들은 해외 취업의 폭이 넓어졌다. 동종업계에서 먼저 성과를 이룬 사람들의 발자취를 엿보기도 하고, 자유롭게 질문도 하며 그에 맞춰 미래를 계획할 수도 있게 되었다.

주목해야 할 '링크드인'의 핵심 성공 전략

성공 전략의 첫 번째는 비즈니스 SNS라는 좁은 시장의 집중적인 공략이었다. 2011년 뉴욕증권거래소(NYSE) 상장 당시 '링크드인'의 전 세계 사용자 수는 1억 3,000만 명을 넘어서며 〈포브스〉 선정 '미국에서 가장 빠르게 성장한 IT 기업' 선정되기도 했다. 그만큼 '링크드인'은 경쟁 업체가 없는 독보적 위치에 올라서 있다.

두 번째는 서비스의 단순화이다. 애플리케이션 출시 당시 메뉴를 단 네 개로 구성하며 사용자들이 손쉽게 접근하고 이용할 수 있게 만들었다.

세 번째는 전문적이고 신뢰 있는 콘텐츠의 전달이다. 페이스북과 같은

SNS의 문제점은 콘텐츠의 스펙트럼이 넓어 전문성이 떨어지며, 위험성과 여러 구설수가 존재한다.

반면 '링크드인'은 비즈니스적 관계의 특성상 서로가 상당히 조심스럽다. 그래서 대부분의 이용자들은 전문성이 있는 양질의 정보들을 공유한다.

이 전략들은 자연스레 수익 모델로 이어졌다. 대표적으로 채용 서비스, 기업광고, 프리미엄 회원제가 있다. 사용자들이 많고 프로필 정보가 구체적이라는 강점을 이용했다.

맞춤형 광고 노출에 적합했기 때문에 기업 광고 플랫폼으로 입지를 굳힐 수 있었고, 채용솔루션 제공, 채용 담당자에게 구직 메시지를 보낼 수 있게 하는 등 유료 프리미엄 모델을 도입하며 수익의 모델을 더했다.

2015년부터는 'Right news Right people'이라는 슬로건을 내걸고 알고리즘을 통해 각 프로필을 바탕으로 맞춤형 비즈니스 뉴스를 띄워주는 서비스까지 제공하기에 이른다.

이는 업계의 정보와 주요 이슈들을 보다 빠르게 확인할 수 있는 편리함으로 이용자들이 쉽게 '링크드인'을 떠날 수 없는 환경을 만들었다.

'마이크로소프트'의 인수

좁은 시장에 집중한 '링크드인'은 폭발적으로 성장했고, 2016년 '마이크로소프트'에 262억 달러(약 31조)라는 천문학적인 금액에 매각했다. 당시 일각에서는 '오버페이', '거품'이라며 다소 부정적인 반응을 보였다. 하지만 '링크드인'은 2017년 매출 23억 달러(약 3조)에서 꾸준한 성장세를 보이며 2022년 기준 138억 달러(약 17조)의 매출을 올렸다.

이용자 수 또한 8억 명을 넘어서며 '마이크로소프트' 매출에 엄청난 기여를 하고 있다. 앞으로의 성장 가능성도 무궁무진한 만큼 결과적으로 양쪽 모두 큰 성공을 거둔 M&A의 사례가 된 셈이다.

"자신을 가장 빨리 변화시키는 방법은 당신이 되고 싶은 모습을 하고 있는 사람들과 어울리는 것이다." - 리드 호프먼

인맥 네트워크

실리콘 밸리의 '마당발'이라 불릴 만큼 그는 인맥을 중요시하는 인물이다. 실제로 그는 60여 개의 기업에 투자하며 다양한 인맥을 구축하고 있다. 비즈니스 인맥에 특화된 SNS '링크드인' 창업도 자신의 인맥들을 SNS에 유입시키며 탄생하게 되었다.

그의 저서 『어떻게 나를 최고로 만드는가』에는 **"자신의 현재의 모습과 미래의 모습은 함께 시간을 보내는 사람들에 의해 형성된다. 행동과 신념은 전염성이 강하다. 자신을 변화시키는 가장 빠른 방법은 변화하고 싶은 모습을 지닌 이들과 어울리는 것이다."**라고 저술되어 있다.

또한 인맥 네트워크(IWE)의 영향력이 생존과 번영을 보장해준다고 말하며 그 이유에 대해 이렇게 설명하고 있다. **"협력자들은 내가 경쟁 우위를 확보하고, 플랜A, B, Z를 수립하고, 좋은 진로 기회를 추구하고, 지능적으로 리스크를 감수하고, 네트워크 지능을 수집하는 데 도움을 준다. 하지만 진로의 책임은 각자의 몫이다."**라며 인맥의 중요성을 한 번 더 일러 주었다.

리드 호프먼은 인맥과 동시에 대면 관계의 중요성도 강조하고 있다. 비대면보다는 같은 장소에서 얼굴을 맞대고 토론하는 것이 빠르고 효과적인 결정을 내리는 데 더 용이하다는 것이 그의 입장이기 때문이다.

나의 가치가 곧 인맥이다

리드 호프먼이 강조한 바와 같이 인맥 네트워크는 비즈니스는 물론 일반 사회에서도 중요한 요소이다. 그러나 **조금 냉정하게 말하자면, 모든 관계는 'Give and Take'이다. 주고받는 것이 원활하지 못하면 그 관계는 결국 금이 가게 되어 있다.**

'인맥'이란 실질적인 도움과 기회를 주고받을 수 있는 끈끈한 유대감과 신뢰가 기반되어 있는 관계이다. 그래서 단순한 친구, 지인과는 그 의미가 다르다. **내가 남을 도와줄 만한 능력이 안 된다면 좋은 인맥은 절대 만들어질 수 없다.**

리드 호프먼 또한 사람들의 삶을 바꾸는 소프트웨어 사업이란 큰 목표

아래에 직장 생활부터 페이팔 부사장, 링크드인 CEO, 엔젤투자가, 벤처 투자가까지 망설임 없지만, 조급함도 없이 가는 실을 꼬아 단단한 밧줄이 되듯 단계별로 자신의 능력을 키우고, 그 과정에서 많은 네트워크를 형성했다.

인맥에 집착해 가볍게 온라인, 오프라인을 가리지 않고 여기저기 쏘다니는 것은 아무런 도움이 되지 못한다. 세상에는 인맥관리 하는 방법에 대한 많은 정보들이 있다. 하지만 이 모든 것을 뒤로하고 **진정 자신의 분야에서 인맥을 늘리고 더 빠르게 성장하길 원한다면, 나의 가치를 먼저 올리는 것이 첫 번째 해법이다. 그러면 굳이 인맥에 매달리지 않아도 사람들은 알아서 나를 찾게 된다.**

SCALE

UP

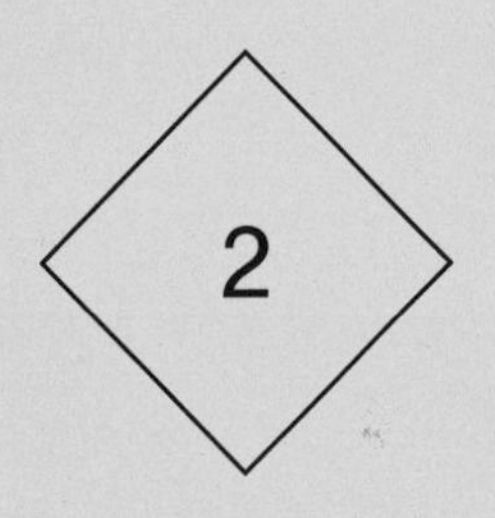

'언더독'

역경을 발판삼아
비상하다

커피 왕국의 별 스타벅스,

하워드 슐츠

과장을 조금 보태자면 번화가는 물론 동네에도 두 집 건너 하나 꼴로 카페가 있다. 여행을 떠나도 유명한 카페는 마치 관광 코스처럼 많은 사람들의 발길이 닿는다. 거기에 더해 예쁜 카페를 찾아 여행하는 일명 '카페투어'를 하는 이들도 많이 볼 수 있다. 이처럼 오늘날의 카페는 현대 문화의 한 부분이다. 찾는 수요도 많지만 그만큼 경쟁도 치열하다.

경쟁에서 살아남기 위해 각자의 색깔로 음료의 맛을 더하고, 독특한 인테리어로 경쟁력을 높이기도 한다. 그리고 우리는 그들이 만들어 제공하는 공간에서 잠깐의 여유를 가지는 소소한 행복을 느낀다.

이러한 커피 이상의 카페 '공간의 문화'를 알리고 정착시킨 인물이 바로 스타벅스의 CEO 하워드 슐츠이다. 수많은 커피프랜차이즈가 생겼음에도 스타벅스는 전 세계 36,000여 개의 매장을 보유한 명실상부 최고의 카페로 자리 잡고 있다.

"커피를 갈아 금으로 만드는 기업"으로 평가받는 스타벅스가 최고의 자리에서 오랜 기간 사랑은 받는 데에는 인간 중심의 감성 CEO 하워드 슐츠가 있기에 가능했다.

계단에 앉은 소년

하워드 슐츠에 대해 알기 위해서는 그의 어린 시절을 특히 주목해야 한다.

그는 뉴욕 브루클린 가난한 빈민가 임대 아파트에 살았다. 트럭 운전기사였던 아버지는 불의의 사고를 당했다. 이후 수입, 의료보험, 산재보험까지 모두 잃으며 집안의 가세가 더욱더 기울었다. 그의 저서 『그라운드 업』에 따르면 이후 하워드 슐츠의 아버지는 무능력하며 폭언까지 일삼았다고 한다.

집안 환경과 외할머니의 영향으로 그의 가족들은 푼돈을 벌기 위해 밤마다 노름꾼들에게 집을 빌려주었다. 밤마다 집은 담배 연기와 소음으로 가득했다. 그의 유일한 피난처는 계단이었는데 어린 하워드 슐츠에게 마음만은 가장 편한 공간이었다.

심지어 어머니가 노름꾼들 잔심부름을 하다가 성희롱 당하는 것도 지켜봤으며, 생활비를 빌려 오라는 부모의 강요에 어린 나이에 친구 어머니를 찾아가 돈을 빌리는 치욕을 맛보는 등 그야말로 비참한 어린 시절을 보냈다. 다행히 운동에 소질이 있던 하워드 슐츠는 미식축구로 1975년 노던미시간대학에 입학했다.

비록 운동선수로서의 꿈을 이루진 못했지만, 자신의 피를 팔아 학비를 충당하며 커뮤니케이션 학사 학위를 받으며 졸업할 수 있었다.

그는 누구보다 부정적인 영향을 많이 받으며 성장했지만, 놀랍게도 불행한 어린 시절의 경험을 훗날 긍정적인 영향으로 스타벅스 경영에 접목시키며 성공을 이루어 낸다.

스타벅스와의 운명적 만남

스타벅스의 최초 창업주는 하워드 슐츠가 아니다. 제러드 제리 볼드윈, 지브 시글, 고든 보우커, 세 사람이 당시 미국에서 주로 이용되던 쓴맛의 '로부스타' 원두 대신 부드럽고 향이 강한 '아라비카' 원두를 로스팅해 제공했던 '스타벅스 커피, 티 앤 스파이스'란 이름으로 창업한 원두를 판매하는 가게였다.

하워드 슐츠는 졸업 후 복사기 회사 '제록스'에 세일즈맨으로 근무하다가, 능력을 인정받아 스웨덴 주방기기 기업인 '해마플라스트'의 미국지사 부사장 자리에 역임한다.

그리고 이곳에서 그의 인생을 송두리째 바꾸는 일이 일어났다. 당시 그가 있던 미국지사는 드립커피메이커를 주력으로 판매하고 있었다. 그때 시애틀에 있는 작은 커피가게(스타벅스)에서 드립커피메이커를 대량 주문하는 것을 눈여겨 본 하워드 슐츠는 특별한 무언가를 직감하고, 운명에 몸을 맡기듯 시애틀행 비행기에 올랐다.

그렇게 만난 스타벅스의 놀라운 커피 맛에 미래의 가치를 본 그는 풍요로웠던 부사장 자리를 박차고 나와 창업주들을 설득한 끝에 1982년 스타벅스 마케팅 책임자로 합류하게 된다.

오늘날 스타벅스의 전신, 일 지오날레

마케팅 담당자로 활동하던 1983년 하워드 슐츠는 이탈리아를 방문하게 되는데, 그곳에는 길가에 수많은 에스프레소 바가 있었다. 이탈리아인들은 바에 앉아 스팀밀크와 에스프레소가 어우러진 커피를 음미하며 편안하게 휴식을 취했다.

이탈리아의 문화에 영감을 받은 하워드 슐츠는 스타벅스 매장 내에서 커피를 즐길 수 있는 에스프레소 바를 제안한다. 시범운영도 성공적이었지만, 세 명의 창업주는 추구하는 방향과 맞지 않다는 이유로 끝내 제안을 거절했다. 하지만 자신이 생각하는 비전에 확신을 가지고 있던 하워드 슐츠는 1985년 스타벅스를 떠나 독립을 결심한다.

"무언가를 시작하려 할 때, 그 꿈을 꿀 수 있는 용기만 있다면 그 즉시 시작하라. 완전한 조건이 갖춰질 때까지 기다리지 마라." – 하워드 슐츠

호기롭게 스타벅스를 나왔지만, 금전적 문제가 발목을 잡았다. 누군가의 투자가 절실히 필요했던 그는 242명의 투자자들에게 자신의 아이디어를 들려주었다. 하지만 대부분 부정적 의견을 제시하며 외면했다. 하지만 이를 수용한 30여 명의 투자자들에게 투자를 받으며 어렵사리 1986년 그의 첫 번째 카페 '일 지오날레'를 오픈하게 되었다.

이탈리아에서 본 에스프레소 바를 거울삼아 매장을 꾸미고, 매장 내에는 은은한 커피 향과 클래식 음악이 퍼지게 했다.

결과는 첫날부터 수백 명의 사람들이 몰려들며 대성공을 이뤘다. 그리고 이는 곧 매장 확장으로 이어졌다.

매장 확장은 균일한 커피의 맛을 제공한다는 일념으로 오직 직영점만 운영하였다.(현 스타벅스 또한 직영점만 운영 중이다.) 그의 경영철학 중 하나를 '일 지오날레'에서 처음으로 엿볼 수 있었다. 성공적인 사업을 2년째 이어가던 중 '스타벅스 커피, 티 앤 스파이스'의 매각 소식을 듣고 재빨리 자신의 회사 '일 지오날레'와 합병시키며 오늘날의 '스타벅스'가 탄생하게 된 것이다.

빠른 성장을 거듭한 스타벅스는 1992년 미국 내 165개의 매장을 오픈했고, 같은 해 나스닥 상장, 2000년대 들어서는 3,500개 이상의 매장을 둔 미국 최고의 카페로 자리 잡았다.

이후 세계로 뻗어나가며 현재 전 세계 36,000여 개의 매장을 둔 '커피 왕국'을 완성시켰다.

번외로 대한민국 최초의 스타벅스 매장은 1997년에 오픈한 스타벅스 이대(이화여대)점이다.

감성 CEO 하워드 슐츠(성공의 비밀)

커피 왕국의 건설에는 **"우리 회사의 최우선 순위는 직원이다. 그 다음 순위는 고객만족이다. 종업원이 행복하면 고객도 행복하다. 직원이 고객을 잘 대하면 고객은 다시 찾아올 것이고 이것이 사업 수익의 진정한 원천이다."**라고 말하는 그의 인간 중심의 경영철학이 있다.

스타벅스에서는 종업원을 직원이 아닌 파트너라 부른다. 주주들의 "우리가 자선단체냐?"는 반발도 무릅쓰고 파트타이머를 포함한 모든 파트너에게 의료보험 혜택을 주었다.

이는 자신의 아버지가 불의의 사고를 당했지만, 의료보험 혜택을 받지 못했던 아픈 과거를 가슴속에 간직했기 때문이다. 이외에도 파트너의 대학 진학 시 등록금 지원, 스톡옵션을 제공하는 빈스톡 제도를 통해 직원들의 사기를 올리는 등 직원 친화적인 모범 기업으로 알려져 있다.

하지만 직원만을 위하는 기업은 결코 아니다. 고객의 만족을 위해 아주 사소한 것 하나까지도 신경 쓴다. 최고의 원두만 사용하며, 추출된 커피는 한 시간이 지나면 자동 폐기하는 것을 원칙으로 한다. 또 하나의 특이점은 스타벅스는 진동벨이 없다는 것이다. 이유는 파트너들이 고객의 이름을 부르고 눈을 맞추며 직접 커피를 전달하는 감성적인 소통을 지향하기 때문이다.

하지만 하워드 슐츠에게 스타벅스는 단순 커피를 판매하는 것이 아니었다. 핵심은 '공간의 문화'였다.

그는 고객들에게 일터와 가정에서 벗어나 편하게 휴식할 수 있는 '제3의 공간'이라는 새로운 가치를 만들어냈다. 사람들은 이런 공간에 열광했고, 이는 천 년의 커피 역사를 뒤집는 성공 신화로 이어졌다. 어린 시절 자신만의 '제3의 공간'이었던 계단에서 그를 비추던 한 줄기의 빛이 '스타벅스'의 혁신으로 이어진 것이다.

스타벅스에 도래한 위기

스타벅스를 잘 이끌어오던 하워드 슐츠는 큰 실수를 저지른다. 20년 가까이 매달린 스타벅스의 CEO 자리를 2000년에 사임한 것이었다. 이후 오린 스미스, 2005년에는 짐 도널드가 새로운 CEO가 된다. 짐 도널드의 무리한 사업 확장과 서브프라임모기지 등의 경제 이슈로 인한 문제도 있었지만 가장 큰 위기의 원인은 경쟁 업체들의 급부상이었다.

영국에서는 코스타, 캐나다에서는 팀호튼에 뒤처졌고, 미국 내에서는 저가 커피로 경쟁력을 넓힌 맥도날드의 맥카페가 급부상했다. 특히 미국 '컨슈머 리포트'의 시음 테스트에서 맥도날드의 커피가 스타벅스의 커피보다 더 낫다는 평가를 받으면서 맥카페는 이를 광고로 활용하기도 했다.

"4달러짜리 스타벅스를 마시는 것은 바보 짓." 당시 맥카페의 론칭 광고이다. 이런 영향으로 2007년 스타벅스의 주가는 42%나 하락하며 곤두박질쳤고 단골 고객들조차 흔들리기 시작했다. 위기의 스타벅스에 '턴 어라운드'가 필요했다.

"구두끈이 풀렸는지도 모른 채 앞만 보고 뛴다면 1등 할 수 있을까? 가끔은 아래를 보며 구두끈을 점검할 필요가 있다." – 하워드 슐츠

턴 어라운드

스타벅스의 위기는 하워드 슐츠를 다시 CEO직으로 불러들였다. 본립도생(本立道生) "기본이 바로 서면 나아갈 길이 보인다."라는 뜻으로 『논어』에 나오는 한 구절이다. 그는 '초심'으로 돌아가는 것이 가장 중요하다 여기고 2008년 2월, 미국 내 7,100개의 매장의 문을 걸어 잠갔다. 균일한 커피의 맛을 위해 13만 여 명의 바리스타에게 에스프레소를 내리는 방법부터 다시 트레이닝시키고, 경쟁에서 뒤처지는 미국 내 매장 600여

개를 폐업하는 처방을 내린다. 이런 그의 행보에 단골 고객들의 발걸음을 점차 제자리로 돌릴 수 있었다.

거기에서 멈추지 않았다. 고객에게 포인트를 주는 '리워드 카드'를 고안하며 디지털화를 선언하고, 친환경 재배 및 윤리적 거래 원두임을 제3자가 인증하는 '셰어드 플래닛' 음료 및 원두를 판매하며 글로벌화에 박차를 가했다. 하워드 슐츠는 또 한 번의 대혁신을 이루어내며 스타벅스를 본래의 자리를 넘어 더 비대하게 성장시켰다. 이 모든 것의 시작점은 '기본'이었다.

올바른 영향력, 존경받는 기업가

하워드 슐츠만큼 자신의 영향력을 올바르게 이용하는 이가 있을까? 스타벅스는 종이 빨대를 사용하며 환경보호에 앞장섰다. 이는 다른 프랜차이즈 업체들에게도 영향을 주었다.

그 외에도 '모든 인종이 함께'라는 운동으로 인종차별에 반대, '미국을 위한 일자리 만들기 프로젝트'를 통해 소상공인을 위한 소액 대출 서비스, 전쟁에 참전한 퇴역 군인 또는 군인들의 가족을 채용하는 등의 전 사회적으로도 선한 영향력을 전파했다. 이로 인해 하워드 슐츠는 〈타임〉 선정 '세계에서 가장 영향력 있는 100인', 〈포춘〉 선정 '올해의 기업인' 등에 이름을 올렸다.

가끔은 정치권을 향한 쓴소리도 마다하지 않으며 카리스마 있는 CEO

의 모습을 보여주는 인물이다.

가난한 환경 속에서도 인간 존중의 중요성을 배운 하워드 슐츠. 그는 직원을 대하는 관점이 수평적이다. 자신이 겪었던 아픔을 곱씹으며 타인에게 베푸는 그릇이 큰 사람이기 때문이다. 또한 언제나 도전적이었으며, 결실을 맺는다. 자신의 영향력을 긍정적인 방향으로 활용하며 더 큰 영향력을 만드는 하워드 슐츠의 올바른 방향성 때문일까?

오늘날 많은 카페가 생겼음에도 우리는 '세이렌'의 매혹적인 노래에 홀리듯 편안한 마음으로 차분한 일등 항해사와 같은 스타벅스 매장을 찾고 있다.

우리가 반드시 알아야 할 것은, 그를 성공으로 이끈 최고의 무기가 비참한 어린 시절의 '결핍'이라는 사실이다. 결핍은 무기가 될 수 있다.

날개 없이 비상하는 발명가,

제임스 다이슨

이 시대의 에디슨, 영국의 스티브 잡스라 불리는 인물이 있다. 디자이너, 엔지니어, 기업가 이 모든 단어에 적합하지만, 그가 가장 선호하는 단어는 발명가이다.

그는 자신의 인생 중 40년을 실패 속에 살아왔고, 그것이 곧 성공의 이유라고 말한다.

그의 이름만으로도 어떤 기업의 창업자인지 곧바로 알 수 있다. 혁신이라는 말을 싫어하며 자신을 발명가라 지칭하고 CEO보다는 엔지니어로서의 삶을 살기로 한 인물. 진공청소기의 먼지봉투에 불만을 가지고 먼지 봉투 없는 청소기를 발명했고, 1882년 이후 100년이 넘는 시간 동안 바뀌지 않았던 선풍기의 날개를 없애며 세계인을 놀라게 했으며, 속이 뚫린 성능 좋은 헤어드라이기로 여성들의 마음을 사로잡았다.

타 제품에 비해 가격이 압도적으로 비싸지만 한번 사용해보면 압도적 성능에 모두가 만족한다.

70세가 훌쩍 넘은 나이에도 여전히 어린 직원들과 머리를 맞대고 **"제대로 된 기계를 만들고 싶다."**라고 말하는 다이슨(dyson)의 창업자이자 발명가 제임스 다이슨을 조명해본다.

역경은 나를 단단하게 만들었다

제임스 다이슨은 1947년생으로 보물이 많이 발견되기로 유명한 영국의 노포크(Norfork)에서 2남 1녀 중 막내로 태어났다. 학교에서 고전을 가르치는 교육자 아버지 덕에 큰 부족함 없이 평범하게 살아가던 그의 가족이 일순간 어려운 환경을 맞이하게 된다.

든든한 기둥이던 아버지가 암으로 갑작스레 세상을 떠났기 때문이다. 아버지가 몸담았던 '그레셤스 스쿨' 측의 도움으로 다이슨과 형제들은 반값 학비로 학교를 다닐 수 있었다.

역경을 마주했을 때 조언해줄 아버지가 없었지만, 그는 오히려 친구들과 다르게 생각하는 습관과 세상에서 살아남는 방법을 스스로 깨우치며 내면적으로 단단해질 수 있었다고 회고했다.

어려운 환경 속에서도 다양한 도전으로 유년기를 보낸 다이슨은 영국 왕립예술대학(RCA) 산업 디자인과에 입학했다. 그곳에서 구조공학 수업을 듣게 되는데, 이전에 없던 것을 만들고 역사를 바꾼 인물들을 알아가는 과정에서 그들에게 매료된 다이슨은 '기술 지상주의자'라는 자신만의 철학을 만들어 냈다.

졸업 후 엔지니어링 회사인 '로토크'에 취직한 다이슨은 멘토 제러미 프라이를 만나게 되면서 인생의 전환점을 맞게 된다. 제러미 프라이는 다이슨에게 머리로만 쥐어짜는 아이디어보다는 처음부터 완벽한 제품을 만들려 하지 말고 직접 실행하면서 아이디어를 구체화하는 '에디슨식 접근법'을 가르쳤다. 그의 가르침에 따라 회사에서 승승장구하며, 첫 프로젝트로 고속 상륙정 시트럭(sea truck)을 개발하기도 했다. 그리고 '에디슨식 접근법'은 훗날 다이슨(Dyson) 청소기 발명에 있어 정신적인 초석이 되어 주었다.

고정관념 타파, 발명가로 첫발을 내딛다

'로토크'에서 자신의 능력을 유감없이 발휘했지만, 샘솟는 아이디어를 주체할 수 없었다. 그렇게 퇴사 후 휴식을 취하던 중 사람들이 바퀴가 달리고 중심을 잡기 어려운 전통적인 수레를 끙끙대며 끄는 모습을 보았다.

아이디어가 떠오른 다이슨은 전 직장 동료와 함께 '커크-다이슨'을 창업하고 수레에는 꼭 바퀴가 있어야 된다는 고정관념을 타파했다.

1974년 기존의 바퀴를 플라스틱 공 하나로 대체했고, 공에 물을 채우며 안정감을 더한 첫 번째 역작인 정원용 수레 '볼베로우(ballbarrow)'를 발명했다.

'볼베로우(ballbarrow)'는 정원이 많은 영국에서 상업적 성공은 물론이고, 1977년 '빌딩 디자인 이노베이션'상까지 수상하며 우수한 산업 디자이너로 인정받았다. 하지만 그 기쁨은 오래가지 못했다. 이내 돈 냄새를 맡은 경쟁업체들의 카피 제품이 쏟아져 나왔다. 살아남기 위해 새로운 아이디어와 돌파구를 찾아야 했다.

청소기에 분노한 다이슨

1979년 집에서 청소를 하던 다이슨은 더군다나 하는 일도 잘 안 되는데 조금만 사용해도 흡입력이 떨어지는 '후버' 진공청소기에 분노하며, 원인을 찾기 위해 청소기를 분해하기 시작했다.

그 결과 진공청소기 봉투에 먼지가 꽉 차면서 흡입력이 떨어졌고, 먼지를 비워내도 쌓여 있는 미세먼지들로 인해 성능이 급격히 떨어지는 것을 발견했다.

새 봉투로 교체하는 방법밖에 없었다. 그때 문득 "먼지봉투가 없는 청소기를 만들면 어떨까?"라는 아이디어가 다이슨의 머리를 스쳤다. 자신의 아이디어를 회사에 제안하지만 돌아오는 대답은 "100여 년간 청소기가 바뀌지 않은 데는 이유가 있다.", "그것이 좋은 아이디어라면 '후버'에서 먼저 했을 것이다."와 같은 부정적 대답만 돌아올 뿐, 그 누구도 그를 지지하지 않았다.

오히려 그의 제안으로 인한 불화가 쌓이며, 제임스 다이슨은 결국 자신이 창업한 회사에서 쫓겨나는 신세가 되었다. 하지만 포기할 수 없었다. 그렇게 '먼지봉투 없는 청소기'를 만들기 위한 그의 고독한 레이스가 시작되었다.

"계속해서 실패하라. 그것이 성공의 길이다." – 제임스 다이슨

고독한 실패와 역경의 레이스

회사에서 쫓겨난 다이슨은 '먼지봉투 없는 청소기'를 고민하던 중 규모가 큰 공장에서 답을 찾을 수 있었다. 작업 중 생기는 먼지들이 날리는 것을 막기 위해 공기는 밖으로 배출시키고, 원심력을 이용한 중력으로 먼지는 아래의 통으로 떨어트리는 사이클론(집진기) 장비를 접하게 된 것이다. 소형화만 된다면 충분히 청소기에 접목시킬 수 있다고 판단한 그는 자신의 집에 딸린 낡은 창고에서 홀로 4년간 설계부터 생산까지 5,126개의 시제품을 제작했다. 이는 5,126번의 실패를 겪었다는 말과 같다.

자신의 멘토였던 제러미 프라이의 투자가 있었지만, 계속되는 실패로

가족의 생활비까지 걱정하기에 이르자, 그의 아내는 미술 클래스를 운영하며 생활비를 마련했다고 한다.

하지만 결국 5,127번 시제품을 만드는 인고의 시간 끝에 1983년 드디어 세계 최초의 '먼지봉투 없는 청소기'가 그의 손에 의해 발명되었다. 그럼 이제 찬란한 미래가 펼쳐졌을까? 애석하게도 현실은 그렇지 못했다.

다이슨(dyson)의 탄생

시제품을 들고 미국, 유럽에 있는 당대 최고의 기업인 후버, 일렉트로룩스 등 많은 기업의 문을 두드렸지만 모든 회사가 외면했다. 기존 자신들의 제품을 지키고 싶었고 무엇보다 먼지봉투 판매는 그들의 매출에 큰 비중을 차지하고 있었기 때문이다.

그렇게 3년을 떠돌이 생활을 하며 지쳐갈 때쯤 마침내 연락이 왔다. 그곳은 미국도 유럽도 아닌 먼 나라 일본의 가전회사 '에이펙스'였다. 그들이 제시한 조건은 판매액의 10%를 로열티로 준다는 것이다. 5,127번의 시도 끝에 만들어진 그의 청소기는 그렇게 '지포스(G-force)'라는 이름으로 세상 밖으로 나왔다.

'지포스(G-force)'는 일본에서 큰 인기를 끌었고, 이를 발판 삼아 특허와 원천 기술을 세계 여러 기업에 제공하며 조금씩 성장했다. 제임스 다이슨은 작은 성공에 멈출 생각이 없었다.

7년간 좀 더 진보된 진공청소기 연구와 개발을 이어나간 끝에 1992년 다이슨 최초의 싸이클론 청소기 'DC-01' 개발에 성공하고, 1993년 자신의 이름을 내 건 지금의 '다이슨(dyson)'을 설립했다.

다이슨 청소기는 출시 18개월 만에 영국 판매 1위를 기록했고 영국에 다이슨 청소기가 없는 가정을 찾아보기 어려울 정도로 국민 청소기로 등극했으며, 2002년 미국으로 진출한 지 얼마 지나지 않아 먼지봉투를 포기할 수 없었던 '후버'를 결국 추월했다.

"때론 가장 멍청한 질문이 가장 기발한 질문이 된다." - 제임스 다이슨

100년 역사의 고정관념을 깬 4년의 시간

영국 맘스버리에 위치한 다이슨(dyson)의 본사(현재 본사는 싱가포르에 있다.)에는 유명 그림이나 유명 작가의 사진이 아닌 가로 2m, 세로 1.5m짜리 대형 설계도가 걸려 있다. 2009년 〈타임〉이 선정한 '올해의 발명품'인 날개 없는 선풍기의 설계도이다.

선풍기는 1882년 전기를 이용한 날개 달린 선풍기가 발명된 이래로 무려 120여 년이 넘는 시간 동안 변하지 않았다.

제임스 다이슨은 "선풍기에 꼭 날개가 있어야 할까?", "아이들이 손가락을 넣고 싶어 해서 위험해."라는 질문을 직원들에게 던졌다. 역시나 많

은 사람들이 의심했다.

날개 없는 선풍기는 불가능하다고 했다. 하지만 다이슨은 포기할 생각이 없었다. '먼지봉투 없는 청소기'를 만들더니 이제는 '날개 없는 선풍기'를 발명하기 위해 엔지니어들과 머리를 맞대었다.

날개 없는 선풍기의 소형화에 끝내 성공하지 못한 '도시바'의 만료된 특허를 기반으로 연구, 설계, 개발, 실패를 반복했다. 결국 날개 없는 선풍기 소형화(50cm)에 성공하며 '에어멀티플라이어'를 출시했다. 100년이 넘는 고정관념을 다시 한번 깨부순 것이다. 이후 '에어멀티플라이어'의 기술을 기반으로 한 날개 없는 온풍기, 공기 청정기, 가습기까지 연이어 출시했고, 머릿결이 상하지 않은 헤어드라이어로 세계인의 마음을 사로잡았다.

가격이 타 제품에 비해 약 3배로 고가이지만, 압도적 성능에 만족한 고객들의 마음속 가전기기 1등은 '다이슨(dyson)'이 되어 버렸다.

"성공은 99%의 실패로 이루어진다." – 제임스 다이슨

아름다운 제품보다 성능 좋은 제품을!

제임스 다이슨은 **"제품은 제대로 작동할 때 가장 아름답다."**, **"낮은 가격을 원하는 소비자들은 다른 물건을 사면 된다."**라고 이야기한다. 제임스 다이슨의 확고한 철학이 묻어나는 대목이다.

그는 혁신(innovation)보다는 발명(invention)을, 제품(product)보다 기계(machine)라는 표현을 선호하며 "기능을 어떻게 개선할까?" 보다 "어떻게 팔까?"에 초점을 둔 마케팅 활용과 과대 포장된 광고와 브랜딩을 비판하기까지 한다.

지속적인 판매는 오로지 제품의 기능에서 나온다는 것이 그의 입장이다. 실제로 순이익의 30%가량을 R&D(연구개발)에 투자하고 있으며, 직원의 40%는 엔지니어이다. 다이슨 제품이 고가인 이유가 여기에 있다. 자신의 원칙을 지키기 위해 주주들의 의사결정에 회사의 방향이 좌우되는 주식상장을 할 생각도 전혀 없다.

그의 경험과 철학은 고스란히 직원들에게도 전해진다. 실수하면 일을 빨리 배운다고 생각하기 때문에 직원들의 실패를 장려하는 특이한 CEO 이기도 하다.

또한 대학에 갓 졸업한 젊은 인재들을 선호하는데 그들은 선입견 없이 배우고, 탐험하며, 즐기면서 창의적인 아이디어를 낼 수 있기 때문이다. 그래서 '다이슨(dyson)' 직원의 평균 나이는 26세이며 자유롭고 활기찬 기업문화가 자리 잡고 있다.

경영보다 엔지니어로서 계속 발명을 하고 싶었던, 제임스 다이슨은 CEO 직함을 벗어 던졌다. 다시 엔지니어로 돌아가 직원들과 R&D(연구개발)에 매진하고 있다. 다이슨은 또 어떤 발명으로 세상을 놀라게 할까?

Break the Frame

고정관념에서 벗어나 "인간도 하늘을 날 수 있지 않을까?"라는 생각이 비행기를 만들었고, "선풍기에 날개가 꼭 있어야 될까?"라는 다이슨의 생각이 '에어멀티플라이어'가 되었다.

제임스 다이슨은 기존의 프레임을 깨며 가전제품 시장을 뒤엎었다. 성공 영감은 물론 인생에서도 배울 점이 많은 인물이다. 우리는 오해와 편견으로 가득 차 있는 프레임에 스스로를 가두고 안정감으로 포장된 고통을 받는다.

수직적 사고, 흑백논리, 권위주의에 무조건적 굴복, 실패에 대한 두려움 같은 것들로 길들여진다. 마치 **정해진 수학 공식에 '나'라는 수를 대입하는 식이다.** 나에게 씌워져 있는 프레임을 깨고 나오면 경직된 사고에서 벗어나 좀 더 유연하게 다양한 기회를 접하고 넓은 세상이 기다리고 있을 것이다. 혹자는 이를 일상의 궤도에서 벗어난다고 오해하고 있지만 정확하게는 다양한 관점으로 바라보고 변화하는 것이 핵심이다. 당신의 현재 직업 또는 공부에만 국한되어 있지 않아도 된다. 또 다른 세상을 한 번 만나보길 권한다.

알리바바 제국을 건설한 거인,

마윈

마윈은 중국의 영웅이자 중국 기업인 최초 〈포브스〉 표지 모델, 〈포춘〉이 선정한 '가장 위대한 지도자' 2위에 등극하며 세계적으로도 영향력 있는 인물로 평가받는다.

마윈이 창업한 세계 최대의 온라인 쇼핑몰 '알리바바'는 2014년 9월 뉴욕증시 상장 당시 시가 총액이 '아마존'과 '이베이'를 뛰어넘으며 거대한 기업으로 자리 잡았다. 1990년대 당시 인터넷의 볼모지라 여겨지던 중국에서 시작된 기업이기 때문에 더 큰 주목을 받는다. 다양한 상품을 제공하며, 높은 마진률을 취할 수 있는 '알리바바'는 '스마트스토어'를 운영하는 사업자들에게 큰 인기를 끌며 국내에도 익히 잘 알려져 있다.

'매력적이다'라고는 보기 어려운 독특한 얼굴과 161cm 키, 깡마른 체격을 가졌지만, 마윈은 이 시대의 진정한 작은 거인이다. 그의 현실적이고 스토리가 있는 강연은 전 세계 청년들에게 확실한 동기부여가 되고 사업적 행보 또한 연일 이슈화되기도 했다.

다른 나라에 비해 비교적 폐쇄적인 중국에서 정부와 우호적인 관계로 회사를 잘 키워나가던 2020년, 상하이에서 진행된 '와이탄 금융 포럼'에서 중국 금융 당국의 규제를 강도 높게 비판하며 불만을 토로했다. 이 발언은 중국 공산당에 대한 도전으로 받아들여졌고, 시진핑 주석에게 미운털이 제대로 박혔다. 이후 국가의 강한 압박으로 2년간 공개 석상에 모습을 비추지 못했다. 이로 인해 세계적으로 수많은 음모론과 관련 기사가 쏟아져 나오며 그의 영향력을 다시 한번 확인할 수 있었다.

"나 같은 사람도 성공했는데 여러분이 왜 못 하겠는가?" – 마윈

마윈이 말하는 "나 같은 사람"

마윈은 1964년 중국 항저우 출신으로 그의 부모는 경극 배우였다. 이미 사양길로 접어든 경극이었기 때문에 그의 집은 매우 가난했다고 한다. 어린 시절 별명이 '못난이 윈'이었을 만큼 외모의 부족함은 물론 가정

형편까지 어려웠지만, 어린 마윈은 나서길 좋아하는 낙천적인 성격의 소유자였다.

성공한 실리콘 밸리의 창업자들과는 달리 그는 공부를 못했다. 고등학교 입시마저 성적 미달로 재수했으며, 대학은 삼수생이었다. 첫 번째 대입 시험 수학 성적은 150점 만점에 1점, 두 번째 성적은 19점으로 최하위권이었다. 두 번의 낙방으로 대학 진학의 꿈을 접고 취업을 하려 했으나 그마저 여의치 않았다. 경찰 시험 5명 중 탈락자가 단 한 명이었는데 다름 아닌 마윈이었고, 중국에 진출한 KFC에 지원한 응시자 24명 중 단 한 명의 탈락자 또한 마윈이었다. 당시 중국에서는 대학을 졸업하면 직장을 할당해주었기 때문에 대학을 꼭 가야겠다고 생각한 그는 1984년 다시 한 번 대학 시험에 도전하게 된다.

그 결과 역시 참담했지만 운 좋게 항저우사범학원(현 항저우사범대학) 영문학과에 합격할 수 있었다. 합격의 이유 또한 입학 정원이 미달된 덕분이었다. 그럼에도 영문학과에 진학할 수 있었던 것은 타 과목에 비해 영어 하나만큼은 출중한 실력이 있었기 때문이기도 하다.

마윈이 영어 실력만큼은 좋았던 것은 순수했던 중학교 시절 영어 선생님을 짝사랑했고, 그녀에게 관심을 얻기 위해 영어 공부에 매달린 것이 계기가 되었다.

동즈쉬안의 저서 『이것이 마윈의 알리바바다!』에서는 **"영어 연습을 위**

해 매일 아침 일찍 일어나 자전거를 타고 45분 거리의 항저우호텔에서 지나가는 외국인들을 붙잡고 무료로 관광 가이드를 자처할 정도로 억척 소년이었다"고 저술되어 있다. 또한 경제적으로 무능하고 폭력성이 짙었던 아버지가 폭력과 폭언을 행사할 때마다 아버지가 알아듣지 못하는 영어로 화풀이를 하기도 했다고 전해진다.

그는 훗날 "아버지가 내 영어 실력을 키웠다고 볼 수 있다."라고 말하며 유년기의 불행을 유머로 승화시키는 대범함까지 보여주었다. 선생님을 짝사랑하고 아버지의 폭력을 이겨내기 위해 배웠던 영어는 그의 인생을 바꾸는 커다란 발판이 된다.

강력한 무기 '영어'

1988년 대학을 졸업한 마윈은 항저우전자공업학원으로 발령 나며 항저우에서 영어를 가장 잘하는 영어 및 국제무역 강사가 되었다. 틀에 박힌 주입식 영어 수업이 아닌 학생들과 즐거운 분위기 속에 교감하며 수업을 이끌어나간 그의 강의실에는 항상 수강생들로 가득했다.

덕분에 '항저우 10대 우수 청년 교사'로 선정되기도 한다. 일례로 알리바바의 창업에 함께한 '18나한'이라 불리는 이들의 대부분은 마윈이 가르친 학생들이다.

영어를 잘하는 인재를 원했던 기업들은 활발한 성격, 화려한 언변과 영어 실력 그리고 무역지식까지 갖춘 마윈과 함께하길 원했다. 당시 중국은 시장이 개방되며 영어와 무역이 중요하게 여겨지던 시기이기도 했다. 그렇게 1992년, 영어 번역전문회사인 '하이보'를 설립하며 첫 창업에 도전한다. 분명 좋은 기회가 찾아왔다고 생각했다.

하지만 그의 생각과는 달리 회사는 재정 적자에 시달렸고 '이우 도매시장'에서 물건을 떼다 팔며 버텨나갔지만, 결국 3년 만에 폐업하고 말았다.

"일단 부딪혀보고 잘 안 되면 방향을 바꾸면 된다." – 마윈

세계적인 흐름과 역경, 알리바바의 탄생

1995년 통역사로 미국 해외출장을 가게 된 마윈은 세계적인 흐름을 볼 수 있었다. '인터넷'이라는 신문물을 접한 것이다. 친구의 사무실에서 IT 혁신에 고무된 마윈은 중국으로 돌아와 중국 최초의 인터넷 회사이자 홈페이지 제작 업체인 '차이나옐로우페이지(중궈황예)'를 창업하게 된다.

당시 중국은 인터넷 볼모지로 세 시간을 기다려야 고작 반 페이지를 겨우 띄울 정도였다. 마윈 또한 컴퓨터에 무지했기 때문에 창업 과정에서 사기꾼이라는 비난을 받기도 했지만 '차이나옐로우페이지(중궈황예)'는 점차 활기를 띄기 시작했고, 수익도 늘어났다.

대기업이 가만히 지켜보고 있을 리 없었다. 막대한 자본금을 가진 '항저우텔레콤'이 시장에 진출했고, 경쟁 끝에 결국 마윈은 백기를 들고 합

병 절차를 밟았다. 지분율이 낮았던 그는 회사 운영방식이 자신과 맞지 않아 결국 팀원들과 씁쓸히 회사를 나오게 되었다.

자신이 창업한 회사를 나오게 되었지만, 중국 대외경제무역부에서 그와 팀원들을 스카웃하며 네트워크 부서에 몸담게 된다. 마윈은 정부기관의 상품거래시장 웹사이트를 제작하는 업무를 맡게 되는데 성과를 낼수록 허탈함만 더해 갔다.

자신이 아무리 열심히 성과를 내도 그에 대한 공은 모두 정부 간부들에게로 돌아갔기 때문이다. 그저 한 명의 직원에 불과한 자신의 처지가 마음에 들지 않았던, 그는 결국 울며 겨자 먹기로 제 발로 다시 떠나는 선택을 한다.

하지만 이는 오히려 전화위복의 계기였다. 정부기관에서 상품거래시장 웹사이트를 제작한 경험을 바탕으로 기업과 기업 간의 전자상거래인 B2B(business-to-business) 아이템을 구상하게 되고, 1999년 2월 '알리바바'가 탄생하게 되었으니 말이다.

우리는 전 세계 사이트 10위 안에 진입할 것이다!

알리바바는 '모든 사람이 쉽게 비즈니스를 할 수 있도록 도와준다.'라는 비전으로 자본금 50만 위안(약 7,000만 원)과 20평 아파트에서 '18나한'이라 불리는 동료 18명(마윈 포함)과 함께 시작되었다.

그때 마윈은 그의 동료들에게 **"우리는 102년간 생존할 회사를 세울 것이며, 세계 최대 전자상거래 회사를 세우고 전 세계 사이트 10위 안에 진입할 것이다." "우리의 경쟁자들은 국내가 아닌 실리콘 밸리에 있습니다."**라고 포부를 밝혔다.

하지만 직원들 월급을 주지 못할 정도로 힘든 시기를 겪었다. 판매 수수료를 받지 않아 수익이 없었기 때문이다. 그럼에도 불구하고 단 한 명도 회사를 떠나지 않았다.

중국의 중소기업들은 알리바바 덕분에 해외시장으로 나갈 수 있게 되었고 그들은 '알리바바'에 감사를 표했다고 한다. 그 자부심 덕에 인고의 시간을 버텨냈다고 회고했다. 또한 힘든 상황에서도 떠나지 않은 직원들을 보면 마윈의 리더십과 신뢰의 크기를 가늠하게 해주는 대목이기도 하다.

회사 운영 자금이 부족했던 알리바바는 골드만삭스로부터 500만 달러(한화 약 60억)의 투자를 받아냈다. 뒤이어 가이드 시절 우연히 알게 된 야후의 CEO 제리 양의 소개로 손정의 회장을 만나 사업계획을 발표하는데, 손 회장에게 단 6분 만에 2,000만 달러(한화 약 200억 원)를 투자받은 일화는 유명하다. 이를 계기로 본격적으로 사업 확장에 박차를 가했다.

일반인에게도 인터넷 보급률이 높아지자, 2003년 소비자 간 상거래인 C2C(consumer to consumer) 서비스인 '타오바오'를 선보였다. 빠르게 시장을 점유하던 '타오바오'는 급기야 중국 이커머스 시장을 지배하고 있던 '이베이'를 철수시키기에 이른다.

포부, 현실이 되다

꾸준히 성장세를 이어온 알리바바는 2014년 뉴욕증권거래소에 기업공개(IPO)를 단행하여 상장했다. **〈아시아경제〉(2014.11.30)에 따르면 알리바바의 거래 주식 수는 3억 2,000만 주로 총 217억 7000만 달러다. 상장 첫날 공모가 대비 38.07% 상승하면서 93.89달러에 거래를 마쳤다.** 이는 동종업체인 아마존닷컴과 이베이를 합친 것보다 높았다.

여담으로 초창기 동물적인 감각으로 단, 6분 만에 2,000만 달러를 투자한 손정의 회장의 지분은 578억 달러(한화 약 59조 원)가 되며 14년 만에 약 3,000배라는 엄청난 수익을 올렸다.

현재 전자상거래를 넘어 인공지능, 핀테크, 클라우드, 엔터테인먼트에 이르기까지 중국 내에 알리바바의 손이 닿지 않는 곳이 없다.

글로벌 시장조사업체 〈칸타르(Kantar)〉의 '2019년 100대 TOP 브랜드' 순위에서 아마존, 애플, 구글, 마이크로소프트, 비자, 페이스북에 이어 7위에 '알리바바'가 랭크되며 그의 초창기 포부였던 **"우리는 전 세계 사이트 10위 안에 진입할 것이다!"**는 현실이 되었다.

알리바바 제국을 건설하고 대업을 이룬 2019년 9월 10일 마윈은 알리바바 회장직을 사퇴했다. 이후 중국 정부의 압박으로 모습을 잘 비추질 않았지만, 조금씩 모습을 드러내며 2023년 현재 복귀설까지 돌고 있다. 숱한 역경 끝에 7천만 원으로 시작해 20년 만에 549조 원 가치의 기업으로 키워낸 중국의 거인 마윈, 그는 잘나가는 사업가부터 이 시대의 청년들에 이르기까지 현 시대 꿈의 아이콘으로 영원히 기억될 인물이다.

마윈이 말하는 성공의 비결

가난한 집안, 못생긴 외모, 30번의 취업 실패, 3수 끝에 운 좋게 합격한 대학, 사업 실패까지 그의 일대기는 어려운 환경과 무수한 역경의 연속이었다. 마윈은 자신의 성공 비결에 대해 이렇게 이야기하고 있다.

"나는 돈이 없었기 때문에 한 푼도 허투루 쓰지 않고 귀하게 썼다. 기술에 무지했기에 인재들의 의견을 경청하고 그들을 아끼고 존중했다. 또한 계획을 세우지 않았기 때문에 변화하는 세상에 유연하게 대응할 수 있었다." 그의 성공 비결은 "나는 가난했기 때문에 부지런할 수 있었고, 허약했기 때문에 몸을 아끼고 건강관리에 힘썼으며, 배우지 못했기 때문에 세상 모든 사람들을 스승으로 삼을 수 있었다."라고 말한 일본의 경영의 신이라 불리는 '파나소닉'의 창업자 마쓰시타 고노스케와 닮은 점이 많다.

또한 마윈은 **"돈을 벌기 위해서는 가난한 사람들이 먼저 돈을 벌 수 있게 해주어야 된다."**라고 말하며 포기하지 않았기 때문에 성공할 수 있었다고 이야기한다. 당신이 정말 꿈꾸는 '이상'이 있다면 마윈은 최고의 교두보일 것이다. 그의 말대로 **"나 같은 사람도 성공했는데 여러분이 왜 못 하겠는가?"**

패스트 패션의 시작 'ZARA',

아만시오 오르테가

마이크로소프트의 빌 게이츠, 아마존의 제프 베조스, 페이스북의 마크 저커버그 등 IT 업계가 세계 부자 순위를 다투고 있었던 2016년 9월, 미국 경제지 〈포브스〉에서 세계 부호 1위에 의외의 패션업계 인물이 등극하며 세간을 놀라게 하였다.

그 주인공은 베르나르 아르노(루이비통 CEO)와 같이 명품 브랜드 CEO도 아닌 SPA브랜드(기획, 생산, 유통 과정을 직접 맡아 관리하는 패션업체) ZARA의 모기업 '인디텍스'의 창업주 아만시오 오르테가였다. 그는 자수성가의 표본으로 흙수저에서 세계 1위 대부호까지 오른 전설적인 인물이다.

당시 제프 베조스의 재산이 676억 달러, 워런 버핏 674억 달러, 빌 게이츠 785억 달러, 그리고 '인디텍스' 그룹의 지분 59% 이상을 소유한 아만시오 오르테가의 재산은 795억 달러였다. 2020년 기준 전 세계 7,400개 이상의 매장이 있으며, 패션에 대해 잘 몰라도 ZARA라는 브랜드를 모르는 이는 많지 않다. "ZARA만 잘 코디해도 옷 잘 입는다는 소리 듣는다"는 말이 있을 정도로 대한민국에서도 아주 익숙한 브랜드이기도 하다.

아동복부터 성인 남녀의류까지 중 · 저가의 가격에 그렇지 못한 고급스러움으로 세계인을 사로잡은 이 거대한 패션기업은 동네 작은 셔츠 가게에서 잔심부름을 하던 한 10대 소년의 사장 마인드에서 시작되었다.

마인드로 쌓아 올린 성공의 발판

아만시오 오르테가는 1936년 스페인 레온의 작은 마을에서 4남매 중 막내로 태어났다. 그의 아버지는 철도청 직원이었으며, 어머니는 가정부로 일했다고 한다. 그의 가정형편은 식료품 가게에서 더 이상 외상을 해줄 수 없다고 거절할 정도로 가난했다. 이는 13세 소년의 학업을 중단시키고 동네 '갈라'라는 작은 셔츠 가게에 잡부로 뛰어들게 했다. 그는 어린 나이에도 불구하고 투철한 주인의식이 있었다. 가게의 제품을 더 많이 판매할 방법을 생각하던 그는 중개상을 거치지 않고, 직접 원단 업자를 찾아 불필요한 생산과정과 비용을 줄이고 저렴한 가격에 더 많이 팔 수 있는 방법을 사장에게 제안했다.

사장은 10대의 당돌함과 획기적인 아이디어를 받아들였다. 가격거품을 걷어내고 신상품을 빠르게 만들어낸 '갈라'는 금세 입소문이 퍼지며 인기를 끌게 되었다. 그리고 이 경험은 훗날 ZARA 성공의 초석이 된다.

재능을 인정받은 오르테가는 17세에 대규모 양품점인 '라마하'로 이직하며 의류 제작, 판매 등 전반적인 사업시스템을 배웠고, '라마하'에서도 그 능력을 인정받으며 점장 자리에 오른다. 그렇게 그는 10대에 학교 공부가 아닌 실전 경험을 쌓아 올리며 성장했다.

ZARA 1호점

타인의 성공을 도우며 모아둔 자금과 경험을 발판 삼아 1963년 '고아 콘벡시오네스'를 창업한다. 당시 스페인에서는 '퀼티드 드레스'가 유행하고 있었다.

그는 발 빠르게 움직여 좋은 원단을 싸게 구했고 드레스를 제작해, 중간 상인이나 소매업체에 공급하며 좋은 성과를 얻었다. 이렇게 얻은 수입으로 사업은 점점 커지기 시작했다.

10년 만에 생산 인력 500여 명, 공급 및 유통 회사를 인수해 물류 시스템까지 갖춘 대형의류 업체로 성장했다.

이는 오르테가의 가족에게까지 영향을 미치게 된다. 형 안토니오 오르테가는 영업을, 누나 조세파는 자산관리와 인사업무를, 아만시오 오르테가는 직접 공장에서 원단을 구하고, 유명 패션쇼에 참석하며 아이디어를 얻어 제품 디자인을 담당했다. 그렇게 얻은 원단과 아이디어를 이용해 합리적인 가격에 드레스 외에도 다양한 옷을 생산하였다.

점차 이름을 알리기 시작한 아만시오 오르테가는 1975년 스페인 라코루냐 지역에 자신이 직접 디자인, 생산까지 한 옷 가게를 오픈하게 되는데, 이 소규모 가게가 바로 'ZARA'이다.

오픈 당시 그리스 영화 〈희랍인 조르바〉에 매료되어 있었던 그는 매장 이름을 조르바(Zorba)라 정했지만 가까운 곳에 같은 이름의 술집이 있어서 매장명을 'ZARA'로 변경했다고 한다.

"나는 단 한 번도 사무실을 가져본 적이 없다. 나의 일은 서류 작업이 아니라 현장이다." – 아만시오 오르테가

패스트 패션, "옷 가게는 생선 가게다"

세계 유명 패션쇼에서 얻은 고급 브랜드의 디자인을 차용해 합리적인 가격에 상품을 제작하고 판매했으나, 신생 브랜드로서의 획기적인 차별화가 필요했다. 고민 끝에 그가 고안해낸 세 가지의 아이디어가 있었는데, 이는 곧 ZARA의 경영철학이 되었다.

첫 번째는 옷 가게는 생선 가게다. 두 번째는 유행은 만드는 것이 아닌 따라가는 것이다. 세 번째는 고객이 살 수 있는 가격이어야 한다는 차별성, 이른바 옷 가게도 갓 잡은 생선을 판매하는 가게와 같아야 한다는 '패스트 패션' 전략이었다.

보통의 의류업체들은 제품의 기획, 제작, 그리고 연 2회 정도의 컬렉션을 선보이며 소비자들의 니즈를 파악하고 예측해야 했기 때문에 출시까지 길게는 6개월 정도 걸린다고 한다.

하지만 그는 불확실한 트랜드를 예측하는 대신 최신 트랜드를 반영한 의류를 최대한 빠르게 제작해 판매하는 것을 목표로 삼았다.

리드타임(lead time: 기획부터 제품화까지 걸리는 시간)을 최대한 줄이기 위해 생산과 유통을 직접 관할하고 설비와 유통망을 정비했다. 이러한 노력 끝에 자라의 신제품이 매장에 진열되는 데까지 걸리는 시간을 약 2주로 만들었다.

패션 왕국의 탄생

패스트 패션 전략이 가능했던 원동력은 첫째, ZARA에는 명문 패션 학교를 졸업한 디자이너부터 아만시오 오르테가와 같이 그렇지 못한 디자이너들까지 다양하다. 그들은 타 의류 브랜드와는 다르게 내부 경쟁 없이 오직 소비자가 원하는 제품을 자유롭고 빠르게 디자인하며 경쟁력을 높였다. 디자인을 마치 찍어낸다는 표현이 있을 정도이다.

둘째, 다품종 소량 생산을 추구한다. 시즌 초 20% 정도 소량 생산 후, 소비자들의 반응을 보고 판매율이 높은 제품을 대량 생산하는 방식으로 운영된다. 타 브랜드의 트랜드를 예측하고 100% 생산하는 방식과는 상반된다. 그렇기에 일주일에 두 번씩 신상품이 나오며 한 시즌 평균 10,000여 가지 이상의 상품을 출시할 수 있게 된 것이다. 이렇듯 ZARA의 매장은 수산 시장의 싱싱한 고기처럼 늘 새로운 옷이 고객들을 맞이했다.

'패스트 패션' 전략으로 유행에 민감한 젊은 고객들의 열렬한 지지를 받은 ZARA는 1985년 '인디텍스'라는 회사를 설립하고, 이웃나라 포르투갈을 시작으로 2000년대 유럽에만 400여 개의 매장을 열었다. 뒤이어 미국과 패션 종주국 파리에도 매장을 열었으며, 그 열풍은 아시아 시장까지 번졌다.

몸집을 키워나간 '인디텍스' 그룹 산하에는 1990년 자라 키즈를 시작으로 풀 앤 베어, 우테르께, 스트라디 바리우스, 마시모 뚜띠, 오이쇼, 베르시카, 레프띠에스 등 굵직한 브랜드가 자리 잡으며 패션 왕국을 완성시켰다.

'인디텍스'가 소위 한창 잘나가던 시절인 2011년 그는 경영 일선에서 물러났다. 이후 성공적으로 기업을 이끈 파블로 이슬라 회장을 거쳐, 2022년 4월에 아만시오 오르테가의 딸 마르타 오르테가가 15년간의 후계자 교육을 마치고 그 지휘봉을 넘겨받았다.

아만시오 오르테가는 '인디텍스'로 일군 부로 전 세계 곳곳의 부동산에 투자했다. 덕분에 한 해 벌어들이는 임대료만 8,000억 원가량으로 추정된다. 사회와 자선단체에 통큰 기부를 하기도 하며 유럽인들의 존경을 한몸에 받는 인물이기도 하다. 그는 스스로를 평범한 사람으로 여기며 2001년 스페인 증시 상장을 앞두고 처음으로 얼굴을 공개할 만큼 은둔형 삶을 추구하였고, 현재도 모습을 잘 드러내지 않는다고 한다.

최고의 리더십은 최고의 팔로워십으로부터

우리는 아만시오 오르테가의 삶의 태도를 주목해야 한다. 직장 생활을 하다 보면 보통 두 부류의 사람들로 갈린다. "시키는 것만 잘하자.", "튀어 보이지 말자.", "중간만 하자."는 의존적 부류와 주변 동료들에게 "저 사람 도대체 왜 저래?"라는 소리를 들어가면서도 자신이 마치 회사의 주인인 것처럼 문제를 해결하고 더 나은 방식을 위해 끊임없이 연구하는 주체적인 부류의 사람들이 있다. 두 부류의 차이점은 바로 마인드이다.

아만시오 오르테가는 분명히 후자의 마인드를 가진 사람이다. 비록 작은 셔츠 가게의 잡일을 하는 직원이었지만, 가게의 성공을 위해 고민하고 획기적인 방안을 도출해냈다. 타인의 성공 경험을 함께 이끌어내며 자신감을 키운 경험주의 인물이다. 그의 **리더를 빛나게 하는 팔로워십은 훗날 자신의 사업에서 더 큰 빛을 보게 만들었다.**

공자의 가르침에는 **"내가 서고자 하면 남을 먼저 세우라 하고, 내가 이루고자 하면 먼저 남을 이루게 하라"**는 구절이 있는데, 이에 가장 적합한 예시가 바로 아만시오 오르테가의 이야기가 아닐까 싶다. 당신이 사장이라면 사장의 마인드를 가진 직원을 채용하는 눈을 가져야 할 것이고, 직원이라면 미래의 당신을 위해 오늘을 투자해보는 것도 좋은 선택지가 될 수 있다.

"노력하고 헌신하면 누구나 성공할 수 있다. 나도 그중 한 사람일 뿐이다." – 아만시오 오르테가

절실함으로 세계 시장을 점유하다 '셀트리온',

서정진

현 시대에는 부모의 지위나 재산으로 금수저, 흙수저를 운운하며 상대적 박탈감을 가지는 이들이 있다. 이를 여러 매체에서 공론화시키며 이 논란거리는 시대가 지나도 지속될 것이라 예상된다. 하지만 수저 타령이 무의미하다는 것을 적나라하게 보여주는 흙수저 출신 사업가가 있다. 바로 셀트리온의 서정진 회장이다.

그는 수저 타령을 제일 싫어한다고 강연에서 직접 밝히기도 했다. 서정진 회장은 〈포브스〉가 선정한 대한민국 자산 순위 3위에 이름을 올렸다. 57억 달러, 한화로 약 7조 원의 규모이다. (2023년 4월 기준) 일반인으로

서는 도저히 상상조차 되지 않는 자산을 가진 그는 역경을 온몸으로 이겨 낸 대표적인 흙수저 출신 자수성가 사업가이자 절실함의 아이콘이다.

그렇기에 다른 CEO들과는 상반된 특유의 구수하고, 소탈한 말투로 동네 아저씨 같은 특유의 매력을 가지기도 했다. 힘든 어린 시절, IMF의 여파로 회사에서 실직한 45살 샐러리맨, 손에 쥔 돈 5천만 원, 사업의 어려움으로 자살 시도까지 했던 그가 어떻게 세계적인 기업을 일구고 도약했는지 그의 뒤를 한번 밟아보자.

연탄집게를 쥔 소년

'흙수저'라는 말을 싫어하는 서정진 회장이지만 그의 스토리는 말 그대로 '흙수저의 추월'이다. 어린 시절 연탄 가게를 하시는 아버지의 영향으로 온 가족이 일손을 거들어야 했기 때문에 방과 후에는 언제나 연탄집게를 양손에 쥐고 기자촌 산비탈을 쏘다녔다고 전해진다.

대학 시절에는 학비 충당을 위해 택시기사 아르바이트를 했다. 24시간 일하고 다음 날 공부하는 방식이었다고 한다. 절실했던 만큼 최선을 다한 그는 학점 4.3점 만점에 4.18의 우수한 성적으로 건국대학교 산업공학과를 졸업하며 학업을 마쳤다. 누군가에게는 어려운 시절들이 학습된 무기력으로 나타나고, 또 누군가에게는 어려운 환경에서 반드시 벗어나겠다는 결의, 의지와 성실함으로 나타난다. 서정진 회장은 후자를 선택한 것이다.

빛을 보나 싶더니 다시 역경 1

삼성전기에서 첫 직장생활을 하던 중 함께 일하던 임원에게 능력을 인정받아 기업들의 생산성을 컨설팅하는 '한국생산성본부'로 이직하게 된다. 그곳에서 인생을 바꿀 컨설팅 하나를 진행하게 되는데 바로 대우자동차 컨설팅이다.

신차 개발비로 천문학적인 돈이 들어가는 문제점을 안고 있던 대우자동차에 비교적 저렴한 러시아와 동유럽권의 생산시설을 활용해 생산량을 늘리는 획기적인 방안을 내놓게 된다. 이를 계기로 당시 대우그룹 김우중 회장의 마음을 사로잡았고, 만 32세의 어린 나이에 대우그룹의 임원으로 스카웃되었다. 매 순간 최선을 다한 그의 인생에 큰 보상을 얻는 순간이었다.

하지만 그 기쁨은 그리 오래가지 못했다. 1997년 외환위기(IMF)가 닥치고 자금 조달을 대부분 해외에서 한 대우그룹은 자금 운영이 원활하지 못해 결국 해체되었다. 서정진 회장은 임원으로서 책임을 통감하고 1999년 퇴직하며 잘나가는 대기업 임원에서 한순간에 실직자가 되었다. 그에게 남겨진 것은 45살의 나이, 처가 식구들의 걱정 섞인 핀잔, 손에 남겨진 5천만 원이 전부였다.

빛을 보나 싶더니 다시 역경 2

사업 시작의 계기도 다른 CEO들과는 좀 다르다. 능력을 인정받으며 승승장구하던 그였지만 실직자가 된 후 어느 기업에서도 그를 받아들이려 하지 않았다. IMF로 모두가 힘든 시기이기도 했지만 공중분해된 기업의 임원이라는 꼬리표의 영향도 컸다.

처음부터 사업가로서의 소명이 있었다기보다는 재취업이 안 되어서 어쩔 수 없이 사업을 하게 된 특이한 케이스이다.

그렇게 대우자동차에서 함께 일하던 동료 6명과 현재 셀트리온의 전신인 '넥솔'을 창업하고 사업 아이템을 고민 중 바이오산업에 미래가 있다고 내다보았다. 바이오에 대해 무지했던 그는 제약 산업의 특성상 400여 가지의 물질만 공부하면 된다는 생각으로 미국 싸구려 호텔방에서 6개월 동안 약학과 생명공학을 독학했다고 한다.

창업 초기, 당시 세계 바이오 1위 기업인 '제넨텍'이 에이즈 백신 상업화를 위해 95년 분사시킨 기업 '벡스젠'과 후천성면역령결핍증(AIDS) 백신 CMO 계약(위탁생산계약)을 체결하고, 2003년 인천 송도에 대규모 공장까지 증설하며 금방이라도 큰 성공을 거둘 것 같았다. 하지만 위탁생산 하기로 했던 '벡스젠'의 AIDS 백신이 임상 3상에 실패하며, 셀트리온은 부도 위기를 맞았다. 이를 막기 위해 은행과 사채시장까지 전전하다 결국 자살 시도를 했다며 당시의 참담함을 회고하기도 했다.

"합작법인 셀트리온은 백스젠이 개발해 현재 태국, 미국, 유럽 등지에서 임상 3상이 진행 중인 에이즈 백신 '에이즈백스(GP-120)'의 임상이 11월 경 완료되고 FDA 승인을 받으면 오는 2005년경에 출시한다는 계획이다." - 〈약업신문〉, 2002.02.21.

밝은 아침이 오기 전에 칠흑 같은 어둠이 있다고 했던가. 기회의 신 카이로스는 그를 버리지 않았다. 2005년 인천 송도 공장 완공 이후 브리스톨마이어스스큅(BMS)과 10년간 20억 달러 규모의 류마티스 관절염치료제 '오렌시아'의 위탁생산계약을 체결하며 극적으로 기사회생할 수 있었다.

이를 계기로 셀트리온은 코스닥에 상장되었고, CMO(위탁생산계약) 사업을 기반으로 불과 4년 만인 2009년 코스닥 시가총액 1위에 올랐다. CMO 사업으로 기업의 가치가 한창 뛰어오르고 있을 2009년 서정진 회장은 CMO 사업을 돌연 중단하며 세간을 놀라게 하였다.

블록버스터급의 기회, 바이오 시밀러

그가 CMO 사업을 중단한 데는 이유가 있었다. 지난 2001년, 미국 샌프란시스코에서 미국 학회에 참석해 세계적인 석학들을 만나며 바이오 산업에 대한 고견을 들었다. 2014년 전후로 주요 항체의학품 특허가 끝난다는 정보였다. 항체의학품과 비슷하면서 가격도 40% 정도 저렴한 '바이오 시밀러'에 미래 잠재력을 확신한 것이다.

제약회사가 새로운 의약품을 개발하면 일정 기간 동안 특허권이 인정된다. 그리고 이 기간이 지나 특허가 만료되면 다른 제약회사들도 그 의약품의 주성분을 합성하여 제조할 수 있게 된다. 이때 처음 새로운 의약품을 개발했던 회사의 오리지널과는 완벽하게 동일하지 않지만 비슷한 약들이 나오는데, 이 약들을 '바이오 시밀러'라고 한다. 미국의 경우 최대 15년까지 특허권이 인정된다.

당시에는 '바이오 시밀러'라는 개념조차 생소할 때였고, 글로벌 제약사들과 다수의 바이오 전문가들은 하나같이 항체 바이오 시밀러 개발은 어렵기 때문에 리스크가 너무 크다고 극구 말렸다고 한다. 당시 삼성조차 망설였던 사업이기도 했다.

하지만 그는 자신의 거대한 풍채만큼 저돌적으로 2006년부터 물질 개발을 시행해 우려를 씻어내고 2012년 결국 '얀센'의 오리지널 자가면역질환 치료제인 '레미케이드'의 바이오 시밀러 '램시마'를 세계 최초로 개발, 한국 식품의약품안전처에 허가를 받았다. 그리고 2013년 9월 유럽연합을 시작으로 캐나다, 일본, 미국 등 2022년 말까지 전 세계 100개국의 허가를 받으며 오리지널 '레미케이드'의 시장 점유율을 훌쩍 뛰어넘었다.

램시마 이후 혈액암 치료제 '트룩시마', 유방암 치료제 '허셉틴', 위암 치료제 '허쥬마' 바이오시밀러를 연이어 성공시키며 현재 세계를 선도하는 '바이오 시밀러' 기업으로 각광받고 있다.

"자신에게 일어난 어떠한 사건이든 좋을지 안 좋을지는 아무도 모른다." 만약 그가 IMF 당시 재취업에 성공했다면 지금의 '셀트리온'은 존재하지 않았을 것이다. 서정진 회장의 성공 비법은 크게 두 가지로 함축할 수 있다.

첫째는 절실함이다. 목표에 도전하고 성취하는 사람들이 처음 행동으로 옮기기 위한 강력한 동기부여가 있다. 바로 자신의 처지를 탓하지 않고 받아들이며 절실한 마음을 가지는 것이다.

"여러분이 절실하면요. 전공이 뭐든 상관없어요. 1~2년이면 충분히 전문가가 됩니다." - 〈2017 세계지식포럼〉 中

두 번째, 미안함과 고마움을 아는 것이다. 일인불과이인지(一人不過二人智) 혼자서는 두 사람의 지혜를 넘지 못한다는 뜻이다. 사업 초창기 부도 위기를 맞으며 자살을 시도 후에 그는 세상이 다르게 보였다고 한다.

그동안 자신을 믿어준 가족과 직원들에게 미안하고 고마운 마음이 들었고, 혼자서는 절대 할 수 없다는 것을 깨달았다고 한다. 서정진 회장은 그 마음을 진심을 다해 표현하니 직원들은 더 열심히 하기 시작했으며 그때부터 일이 잘 풀렸다고 전했다.

"미안함과 고마움을 아는 사람이 성공을 할 수 있고, 그런 사람만이 성공을 해야 합니다. 그걸 모르는 사람이 성공을 하면 그건 재앙이에요."

– 〈2017 세계지식포럼〉 中

큰 역경들을 이겨내며 끝내 성공을 이룬 그에게 배울 것은 **역경을 이겨내면 결국 경력이 된다는 것이다.**

‘참된 부’의 실천가, 아시아의 대부호,

리자청

홍콩 하면 높고 좁은 빌딩 숲, 침사추이 시계탑, 아름다운 야경이 가장 먼저 떠오르지만, 청쿵그룹을 빼놓고는 홍콩을 논할 수 없다. 홍콩 증권시장의 약 25% 이상이 그의 소유이며, “홍콩에서 1달러를 쓰면 5센트는 청쿵그룹의 창업자 리자청의 주머니로 들어간다”는 말이 있다. 상신(商神), 재신(財神), 초인(超人)이라 불리는 리자청은 홍콩 내에 약 7만여 채의 빌딩을 소유하고 있고, 홍콩인들은 청쿵그룹이 건설한 도로, 지하철은 물론 전화, 인터넷, 마켓을 이용한다. 홍콩이 곧 ‘청쿵그룹’인 셈이다.

홍콩을 넘어 전 세계 54개국 500여 개의 계열사에 약 22만 명의 직원과 함께하고 있는 리자청 회장의 재산은 약 30조로 알려져 있다. 하지만 그는 여전히 5만 원짜리 구두와 10년이 지난 양복, 몇만 원짜리 값싼 손목시계를 차고 다니며, 회사 구내식당에서 직원들과 함께 식사를 할 만큼 검소하다.

이렇게 아낀 개인 돈은 사회로 기부하며 '참된 부'를 실천하고 있다. 아시아에서 가장 기부를 많이 한 인물이기도 하다. 리자청은 15세 청소부로 시작해, 대부호를 넘어 아시아의 '현인'으로 불린다.

"쌀 다섯 말을 위해 허리를 굽히지 않는다." – 리자청

15세 소년 가장

리자청은 1928년 중국 광둥성 차오저우에서 2남 1녀 중 장남으로 태어났다. 아버지 리원징은 교육자로 그의 집은 평범하게 살았지만, 1937년 발발한 중일전쟁의 영향으로 그의 가족들은 홍콩으로 이주한다. 그러나 홍콩에서 자리를 잡아가던 중 아버지 리원징이 결핵으로 세상을 떠나며 집안 형편은 급격히 기울어졌다. 장남이던 리자청은 15세에 집안의 생계를 책임지기 위해 중학교를 중퇴했다.

학업을 강제로 중단한 후 찻집 종업원을 거쳐 시계 공장에 취직했지만, 어린 리자청이 할 수 있는 일은 청소밖에 없었다. 이후 플라스틱 공장으로 이직한 그는 신조인 '자립정신'으로 무장해 하루 16시간씩 일하며

돈을 벌었다. 마치지 못한 학업의 빈 공간은 틈틈이 책으로 채웠으며, 플라스틱 시장을 분석하고 끊임없이 제품을 연구했다. 그렇게 온몸으로 자기계발한 그는 1945년 자신이 모은 돈 7,000홍콩 달러로 플라스틱 공장을 설립하며 '청콩그룹'의 첫 시작을 알렸다.

'책'에서 찾은 기회의 문

1950년대 후반 책과 신문, 잡지를 통해 세상을 배워가던 그는 사업의 전환점을 맡게 된다. 이탈리아에서 플라스틱 조화가 개발되었고, 시장을 휩쓸고 있다는 소식을 접한 것이다. 덥고 습한 홍콩의 날씨 특성상 조화는 최고의 상품이라 생각한 그는 곧장 이탈리아로 날아갔다.

하지만 이탈리아의 플라스틱 회사가 외국에서 온 청년에게 쉽게 기술을 내줄 리 없었다. 결국 꾀를 내어 공장에 일용직 노동자로 들어가 직원들과 친해지며 자연스레 기술을 배우게 되었다.

사실, 현재의 시점으로 보면 명백한 '산업스파이'지만 1950년대 당시에는 크게 문제가 되지 않았다고 한다. 이 부분이 리자청의 유일한 오점이라면 오점인 셈이다.

그렇게 홍콩으로 돌아와 플라스틱 조화를 제작해 판매하게 되는데, 홍콩 전역이 조화로 물들 정도로 그 인기는 상당했다고 한다. 대량 생산, 판매로 큰돈을 벌어들인 리자청은 또 한 번의 새로운 기회의 문 앞에 서게 된다.

홍콩의 경제 불황 속 기회

1960년대 홍콩은 금융 제도의 기초가 흔들리며 금융위기를 겪었다. 자연스레 부동산 가격은 하락했다. 모두가 부동산 시장에서 발을 빼던 시기에 리자청은 홍콩 경제는 살아날 것이라 판단하고, 오히려 토지와 부동산을 공격적으로 매입해 빌딩과 아파트를 사들이고 지었다.

1970년대에 들어서며 거짓말처럼 '아시아의 4대 용'으로 불릴 만큼 홍콩 경제가 호황기를 누렸고 그는 부동산으로 막대한 수익을 얻었다. 또한 1972년 홍콩 주식 상장, 1979년 영국의 드럭 스토어 '왓슨', 항만 회사 '왐포아독'을 품고 있는 '허치슨왐포아'를 인수했다.

이후 홍콩은 동북아 물류의 허브로 불리며 물동량이 비약적으로 증가했고, 그 중심에는 7,000홍콩 달러로 시작한 리자청의 '청콩그룹'이 있었다. 이외에도 항공(에어 캐나다), 통신, 전기, 수도, 건설, 가스, 항만, 유통, 마켓 등으로 사업을 다각화하며 아시아를 넘어 전 세계적으로 그 이름을 널리 알렸다. 사실 그가 어떻게 부를 축적했는지도 중요하지만, 우리는 그의 삶의 태도와 철학에 특히 주목할 필요가 있다. 그것이 리자청이 세계적으로 존경받는 이유이기 때문이다.

존경받는 진짜 이유 '참된 부'

리자청은 철저한 자기 검열로 교만과 나태를 가장 경계한다. 서문에서 언급했듯이 검소하기로 유명하며 그렇게 아낀 돈은 기부로 이어진다. 또한 불법은 절대 행하지 않는다. '성공을 위해 수단과 방법을 가리지 않는다'는 지론에 절대적으로 반대하는 리자청의 사생활 속 흠을 캐내기 위해 홍콩 기자들이 그의 집 쓰레기 더미까지 뒤졌지만, 일반 서민들과 같은 쓰레기만 발견될 뿐 그 무엇도 발견하지 못했다.

그의 돈을 대하는 태도에 관한 유명한 일화가 있다.

리자청이 호텔을 나와 차에 오르던 중 1센트짜리 동전을 바닥에 떨어뜨렸다. 비가 오는 날임에도 불구하고 고집스레 동전을 주우려고 허리를 숙이자 지켜보던 호텔 직원이 먼저 동전을 주워 리자청에게 주었다. 그때 동전을 건네받은 리자청은 그 직원에게 10달러 팁을 주며 "당신이 줍지 않았다면 이 동전은 빗물에 씻겨 내려가 낭비될 뻔했지만, 내가 당신에게 주는 이 10달러는 절대 낭비되지 않을 겁니다."라고 말했다. 단 한 푼도 허투루 보지 않고 더 좋은 세상을 위해 쓰겠다는 그의 철학이 묻어나는 대목이다.

그는 『장자』의 말씀을 인용해 부귀(富貴)를 설명한다. "천자의 세력도 반드시 고귀한 것이 아니다. 필부의 곤궁함이 천한 것은 더더욱 아니다. 귀천의 차이는 행동의 미추에 달려 있다(勢爲天子未必貴也 窮爲匹夫 未必賤也 貴賤之分 在行之美惡)."

"부를 많이 축적했다 한들 사회에 공헌하지 않으면 천한 것이다.", "나의 셋째 아들의 이름은 '기부'이다."라고 말한다. 빈곤 계층을 위한 자선활동과 의료 자선활동도 하고 있지만 특히, 어릴 적 가난했던 자신이 받지 못한 교육을, 청년들에게 되풀이 되어서는 안 된다며 중국, 홍콩 등에 수많은 대학을 설립하고 여러 기관에 기부하며 교육 활성화에 앞장서고 있다.

〈2015 후룬 전 세계 중국인 자선보고서〉에 따르면 리자청 홍콩 청쿵그룹 회장이 '리자청기금회'를 통해 150억 홍콩 달러(약 2조 3,100억 원)라는 천문학적인 금액을 기부했다고 한다. 또한 재산의 3분의 1을 기부에 쓰겠다고 밝히기도 했다.

"사업이 아무리 크게 성공해도, 실패한 자녀교육은 어떤 것으로도 메울 수 없다." – 리자청

아시아 대부호의 자녀교육

그는 자녀교육의 99%는 인간 됨됨이라 말한다. 리자청에게는 첫째 리저쥐, 둘째 리저카이라는 두 아들이 있다. 그들은 아시아에서 가장 부유한 집에서 태어났지만 여타 재벌가와는 다르게 호화로운 생활과는 거리가 멀었다. 리자청은 천문학적인 금액을 기부하지만 아들들에게 개인 자가용이 아닌 버스나 전철을 이용하도록 했다. 개인 자가용을 타고 다니면 볼 수 없는 현실 세계를 보여주기 위해서였다.

그의 신념 중 하나인 '자립'정신은 두 아들에게도 고스란히 전해졌다. 10대 초반에 자립심을 길러주기 위해 해외로 보내진 형제는 고생길로 접

어들었다. 부모의 그늘에서 벗어나 TV 요리 프로그램을 보고 한 달 만에 자신들의 식사를 해결했으며, 타 재벌가 친구들이 인맥을 늘려가기 바빴을 때 형제는 생활비를 벌기 위해 아르바이트를 했다. 물론 슈퍼카가 아닌 자전거를 이동수단으로 이용했다고 한다. 그런 형제들에게 친구들이 물었다.

"너희 아버지가 아시아의 대부호인데 왜 이런 생활을 하는 거야?" 형제는 답했다. "그게 뭐가 어때서?" 어릴 적부터 자립심을 기른 형제들은 훗날 우수한 성적으로 미국 스탠퍼드대학을 졸업했으며, 리저쥐는 부동산 개발회사를 운영, 둘째 리저카이는 토론토 투자은행의 최연소 파트너가 되며 재계에서 주목받는 인물로 성장했다. 모두 스스로 이룬 성과였다.

용의 기운을 가진 아버지 밑에서 두 마리의 거대한 용이 다시 세상 밖으로 나온 것이다.

현재 두 형제 모두 그 능력을 인정받고 형 리저쥐는 CK 홀딩스 회장으로 동생 리저카이는 홍콩 통신 1위 기업 PCCW을 회장직을 역임하고 있다. 재산 분배 문제에 대해서 형제는 이렇게 답한다.

"아버지의 말씀이라면 저희는 언제나 OK."라고 말이다.

리자청의 조언 육불합 칠불교(六不合 七不交)

리자청은 교우관계에 관한 어록 중에서 육불합 칠불교(六不合 七不交)를 이야기하고 있다.

여섯 부류의 사람들과는 동업하지 말라는 육불합(六不合)과 일곱 부류의 사람들과는 사귀지 말라는 칠불교(七不交)이다.

육불합(六不合)

1. 개인적인 욕심이 강한 사람과 동업하지 말라. 그런 사람들은 다른 이의 고통은 안중에도 없고 오직 본인의 이해득실만을 따진다.

2. 책임감, 사명감 없는 사람과 동업하지 말라. 그들은 돈 버는 것이 유일한 목적이기 때문이다.

3. 인간미가 없는 사람과 동업하지 말라. 함께 있어도 배울 것도 없고 전혀 즐겁지 않을 것이다.

4. 비관적인 사람과 동업하지 말라. 그로 인해 본인마저 긍정의 에너지를 잃고 부정적 에너지에 사로잡힌다.

5. 인생의 뚜렷한 목표와 원칙이 없는 사람과 동업하지 말라. 눈앞의 이익만 치중해 멀리 볼 줄 모른다.

6. 감사할 줄 모르는 사람과 동업하지 말라. 반드시 배신하게 되어 있다.

칠불교(七不交)

1. 불효하는 자와 사귀지 말라. 부모를 잘 모시지 못하는 것은 인간으로서 최소한의 기본도를 갖추지 못했기 때문이다.

2. 각박하게 구는 사람과 사귀지 말라. 언행이 거칠며 다른 사람을 배

려하지 않아 해를 끼친다.

3. 시시콜콜 따지는 사람과 사귀지 말라. 자신의 이익만을 탐하며 손해 보는 걸 두려워한다.

4. 받기만 하고 주지 않는 사람과 사귀지 말라. 이기적이며 예의가 없으며, 교제의 기쁨이 없다.

5. 아부 잘하는 사람과 사귀지 말라. 자신의 이익 앞에서 의리를 저버리는 가장 위험한 인물이다.

6. 권력자 앞에서 원칙 없이 구는 사람과 사귀지 말라. 신분, 귀천 앞에서 언제나 태도가 변할 사람이다.

7. 동정심과 온정이 없는 사람과 사귀지 말라. 인간으로서의 기본 덕이다. 이기적인 사람이 곁에 있는 것과 다름없다.

반대로 우리가 곁에 두면 좋은 사람은 긍정적인 사람, 힘들 때 위로가 되어주는 사람, 역경을 함께 헤쳐 나갈 수 있는 사람, 건설적인 비판을 할 수 있는 사람을 사귀라고 이야기하고 있다. 리자청이 조언한 육불합칠불교(六不合 七不交)로 인간관계를 다시 한 번 생각해보고, 진정한 부귀(富貴)에 대한 생각의 재정립이 필요한 시기가 지금 이 시대가 아닐까.

SCALE

UP

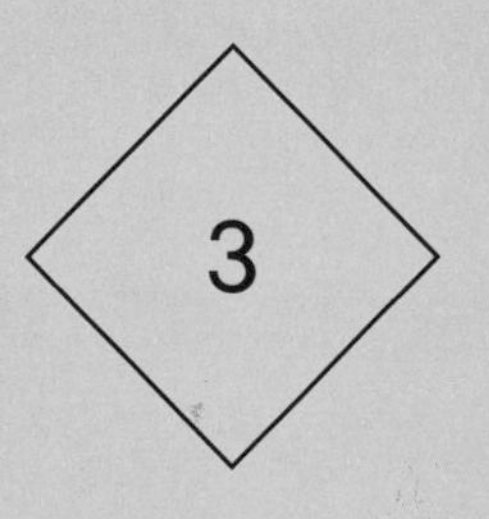

‘새로운 얼굴’

고정관념을
깨다

수식어는 단 하나
'개척자',

제프 베조스

모든 시대와 혁신에는 '개척자(선구자)'가 있다. 그리고 그 '개척자' 뒤에는 수많은 후발 주자들이 따라온다.

1999년 〈타임〉 선정 올해의 인물, 2010년 〈포춘〉 IT분야 최고 CEO 2위(당시 1위는 스티브 잡스), 자신의 비전을 이해하지 못하는 직원에게 유감없이 '넌 해고야.'라고 외치는 국제노조총연맹 선정 세계 최악의 CEO, 전자 상거래의 왕, 그를 지칭하는 수식어이다.

또한 꾸준히 〈포브스〉 선정 세계 부호 순위 1위를 다투는 인물이다. 하지만 그를 한 단어로 표현하자면 '개척자'일 것이다.

온라인 전자상거래, 클라우드, AI, 전자 패드(전자책), 등으로 많은 기업들이 성공을 이뤄냈다. 그리고 이 모든 것의 선구자는 바로 '아마존(Amazon)'의 창업자 제프리 프레스턴 베조스이다. 그는 일류 기업의 제안을 뿌리쳤으며, 월가에서의 보장된 성공마저 뒤로하고 차고에서 우주까지 영역을 뻗은 '도전의 역사'이다. "후회를 최소화해라."라고 말하는 개척자 제프 베조스의 일대기 속으로 지금 들어가 보자.

꿈을 키워준 두 명의 귀인

제프 베조스는 1964년 미국 뉴멕시코주 앨버쿼키에서 태어났다. 그가 세상에 나왔을 때 어머니의 나이는 17세에 불과했다. 얼마의 시간이 지나지 않아 이혼한 그의 어머니는 쿠바 이민자 출신 미구엘 베조스와 재혼하게 된다. 양아버지 미구엘 베조스는 석유기업에서 임원을 할 만큼 능력자였고, 제프 베조스의 롤모델이기도 하다. 또한 외할아버지 프레스톤 자이스는 우주공학과 미사일 방어시스템 전문가였다.

제프 베조스가 경영인의 마인드와 우주 사업까지 영역을 넓힐 수 있었던 것은 양아버지와 외할아버지의 영향을 받고 꿈을 키웠기 때문이다.

두 사람의 지적, 물적 지원과 과학에 큰 관심이 있었던 그는 플로리다주 마이애미 팔메토 고등학교를 우수한 성적으로 졸업하고, 명문 프린스턴 대학교에 입학했다. 지금부터 어디로 튈지 모르는 그의 이야기가 시작된다.

"도전하지 못한 것을 더 후회할 것 같다."

입학 후 물리학을 전공해 대학교수를 꿈꿨지만, 생각을 바꾼 그는 컴퓨터 공학을 전공했고, 4.2점의 우수한 성적으로 대학을 졸업했다. 당시 최고의 기업인 '인텔'과 '벨 연구소'로부터 입사 제안이 왔지만, 이를 모두 거절하고 핀테크 스타트업 '피텔'에 입사해 커리어를 시작한다. 이후 1988년 금융계인 '뱅커스 트러스트'를 거쳐 1990년 뉴욕 월가의 헤지펀드 회사 디이쇼앤컴퍼니(D.E. Shaw & Co)로 이직해 신규 사업을 개척하는 업무를 맡았다.

워커홀릭의 삶을 살았던 그는 26살에 최연소 부사장까지 오르며 거침없는 행보를 이어갔다. 당시 그의 연봉은 100만 달러(약 13억)였다고 전해진다. 보장된 고액의 연봉과 그의 앞길은 이미 정해진 성공이 기다리고 있었다.

우연히 신문을 펼친 제프 베조스의 눈에 한 줄의 기사가 눈에 들어왔다. '앞으로 매년 인터넷 이용자는 기하급수적으로 증가할 것이다.'라는 소식이었다. 곧장 사장에게 달려가 인터넷으로 물건을 팔아보자 제안했지만, 거절당하자 자신만의 온라인 사업을 계획하기에 이른다.

당시 디이쇼앤컴퍼니(D.E. Shaw & Co)의 사장은 그를 붙잡기 위해 "이미 성공한 사람이 굳이 도전이 필요할까?", "천문학적인 스톡옵션을 보장해주겠다."라고 말하며 그를 설득했다. 하지만 미래에 자신이 스톡

옵션을 포기한 것보다 도전하지 못한 것을 더 후회하겠다고 판단한 그의 의지는 확고했다. 그렇게 1994년 그는 보장된 성공을 버리고, 홀연히 뉴욕 월가를 떠났다.

세상 모든 것을 파는 아마존(Amazon)의 탄생

월가를 떠나 시애틀로 보금자리를 옮긴 제프 베조스는 판매할 상품을 고민하다 '출간된 책은 셀 수 없이 많은데 이를 모두 수용할 수 있는 오프라인 서점이 없다.'라는 생각을 떠올리게 되었다. 그렇게 판매 소재를 책으로 정하고, 자신의 양아버지에게 30만 달러(한화 약 3억 원)를 투자받아 1994년 자신의 차고에서 세계 최초로 아무도 가지 않은 길, 온라인 서점 사업을 개시하며 역사적인 걸음마를 뗐다.

사업 초기 사명은 마법처럼 주문이 많이 쏟아지라는 의미인, '아브라카다브라'에서 따온 '카다브라'였으나, 그 발음이 시체를 뜻하는 'cadaver'와 비슷했다. 때문에 1995년 사명을 세계에서 가장 긴 강의 이름이자 A~Z까지 모든 것을 판다는 뜻의 아마존(Amazon)으로 바꾸었다. (현재는 나일강이 가장 길다고 판명 났지만, 당시만 해도 세계에서 가장 긴 강을 두고 논쟁을 벌이고 있었다.)

창업한 지 몇 달이 지나지 않아 미국에서 입소문을 타며, 1996년 아마존은 〈월스트리트저널〉 1면 주인공이 되면서 세상의 주목을 받기 시작했다.

뒤이어 1997년 공모가 18달러에 나스닥에 상장되었으며, 1998년부터는 음반, 비디오 등의 미디어 판매를 시작으로 옷, 전자제품까지 다양한 제품과 디지털 콘텐츠를 판매하는 기업으로 확장시켰다. 온라인 서점에서 아마존의 이름대로 모든 것을 파는 곳으로 영역을 넓힌 것이다.

"두 종류의 회사가 있다. 바로 고객에게 더 많이 받기 위해 일하는 기업과 덜 받기 위해 일하는 기업이다. 우리는 후자가 될 것이다."
– 제프 베조스

"아마존은 1년 이내에 망할 것이다."(성장 전략)

아마존은 엄청난 매출을 기록하며 급성장했지만 거듭되는 적자를 보는 기업이었다.

당장의 이익보다 장기적인 관점에 치중하는 선택을 했고, 이는 아마존이 급성장을 할 수 있었던 이유였으며 베조스의 고도의 경영 전략이었다. 타 업체보다 무조건 더 싸게 심지어 밑지고 파는 제품도 있었다. 이익을 포기하며 출혈경쟁을 벌인 것이다.

저렴한 것을 싫어하는 소비자는 없다. 관건은 '시장 지배력 확보'라는 것이 그의 생각이었다.

결과적으로 엄청난 소비자들이 아마존으로 유입되었다. 그러던 2001년 리먼브라더스는 '이대로라면 아마존이 1년 이내에 망할 것'이라는 보고서를 발표하게 되고, 비슷한 시기 수많은 IT기업이 도산한 '닷컴버블' 사태가 맞물리며 100달러였던 아마존의 주가는 6달러까지 추락하며 위기를 겪었다.

위기의 사태에서 그는 오히려 가격을 더 낮추고, 서비스를 다각화하며 비즈니스를 확장하는 데 전력을 다했다. 경쟁업체가 무너지는 시기는 앞서 언급했던 '시장 지배력 확보'에 최적기였기 때문이다. 그의 전략은 정확히 맞아 떨어졌다.

이후 반등한 아마존의 주가는 2018년 9월, 주당 2,000달러를 돌파했고, 아마존이 1년 이내에 망할 것이라는 보고서를 냈던 세계 금융의 타이탄, '리먼브라더스'는 글로벌 금융 위기가 불어 닥친 2008년 파산했다.

선구자 아마존(Amazon)

우리는 어느 순간 태블릿으로 책을 보게 되었고, 스타트업 기업들은 서버를 빌려 사용하기 시작했으며, 인공지능(AI)이 사람을 앞서기 시작했다. 이 모든 혁신의 선구자는 '아마존'이다.

2007년 전자책 '킨들'을 세상에 내놓으며 언제든 많은 양의 책을 읽을 수 있게 되었다.

뒤이어 책을 포함한 다양한 콘텐츠를 제공하는 후발주자 애플에서 출시한 '아이패드'의 선풍적인 인기에 1위 자리를 빼앗겼지만, 아이패드 가격의 절반으로 책정된 킨들 태블릿을 출시하며 추격했고, 2011년 아마존의 전자책 판매량이 종이책을 뛰어넘으며 독서의 패러다임을 바꿨다.

미국의 블랙프라이데이와 사이버 먼데이(블랙프라이데이의 연장선)는 연 매출의 20% 이상에 해당하는 수익을 올릴 수 있는 중요한 시즌으로 꼽힌다. 그만큼 홈페이지에 발생하는 트래픽이 상당하다. 이를 위해 지속적으로 서버 규모를 확장한 덕분에 대규모 트래픽을 감당할 수 있었다. 하지만 평소에는 보유한 서버를 10분의 1 정도밖에 사용하지 않았다.

90%에 해당하는 잉여 서버를 활용할 방법을 궁리하던 중 다른 사업자에게 서버를 빌려준다는 아이디어를 떠올리게 되었고, 공용 클라우드 서비스인 '아마존 웹 서비스(Amazon Web Service, AWS)'를 출시했다. 이 또한 세계 최초의 클라우드 서비스이며 서버 구매를 해야만 하는 창업자들의 막대한 비용 부담을 덜어주었다. 이는 스타트업 열풍의 토대를 만드는 혁신이기도 했다.

2023년인 현재까지도 아마존은 클라우드 시장 세계 시장 점유율 32%로 1위를 굳건히 지키고 있다.

지난 2016년 구글 딥마인드가 개발한 '알파고'가 이세돌 9단을 꺾으며 바둑은 기계가 절대 인간을 이길 수 없다는 예측을 뒤엎었다. 세계는 충격에 휩싸였고, 그때부터 AI의 세계적인 열풍이 불었다. 하지만 그보다 앞선 2014년 AI 비서 '알렉사'를 연결해 개발한 '아마존 에코' 스피커를 출시하며 일찌감치 인공지능 시대를 열었다.

이 밖에도 우리가 온라인 상거래사이트 이용 시, 이전에 보았던 제품을 리스트업 해주는 서비스, 고객이 원하면 무조건 반품해주는 서비스, 원 클릭 결제 시스템까지 원조는 모두 '아마존(Amazon)'이다. 그렇기에 '개척자'라는 표현 외에 다른 단어가 딱히 떠오르지 않는다.

차고에서 우주까지 '뉴 오리진'

3대 민간우주 기업이라 불리는 일론 머스크의 '스페이스X', 리처드 브랜슨의 '버진 갤럭틱' 그리고 그보다 설립연도가 앞선 2000년, 제프 베조스가 우주여행이라는 또 하나의 꿈을 실현하기 위해 사비를 털어 설립한 '블루 오리진'이 있다.

우주로 가기 위한 발걸음을 지속적으로 밟아오던 지난 2021년 7월 20일, 제프 베조스 등 4명의 민간 관광객을 태운 자사 완전 자동 로켓 '뉴 셰퍼트'가 우주 경계선을 넘어 107km까지 상승하며 약 10분간의 우주여행을 마치고 무사히 착륙했다. 이로써 82세 최고령(월리 펑크), 18세 최연소(올리버 데이먼) 우주인을 동시에 탄생했고, 차고에서 시작한 그는 결국 우주 경계선까지 넘으며 우주관광 시대의 막을 올렸다.

후회 최소화의 법칙

제프 베조스는 보장된 성공을 뒤로하고 아마존 창업을 결정한 것은 매운 쉬운 결정이었다고 이야기한다. 그의 '개척자' 정신을 이끌어 낸 것은 '후회 최소화의 법칙'이다. 즉, "죽음이 다가온 노년기에 인생을 되돌아봤을 때, 어느 쪽을 선택해야 덜 후회할까?"라는 질문을 스스로에게 던지는 것이다. 이는 끌려다니는 삶이 아닌 진정 내가 원하는 삶을 살도록 도와줄 것이며, 인생을 장기적인 관점으로 바라볼 수 있게 도와주기도 한다.

도전의 크기가 클수록 역경 크기가 비례한다. 그러나 성공의 크기도 반드시 비례한다.

선택의 갈림길에서 남들이 가지 않는 길로 걷다 보면, 나의 판단에 의심이 들기도 하고 때론 두렵기도 하다. 하지만 도전으로 인한 실패는 나의 경험으로 남을 수 있지만, 도전하지 않은 후회는 자책만 남길 뿐이다.

당신이 중요한 선택의 기로에 서 있거나, 도전을 망설이고 있다면 '후회 최소화의 법칙'을 적용해보는 것은 분명 당신이 좋은 선택을 할 수 있게 만들어 줄 것이다.

피터 홀린스의 저서 『어웨이크』에서는 '후회 최소화 법칙'의 과정을 이렇게 설명하고 있다.

1. 80살의 자기 모습을 떠올린다.

2. 최대한 후회를 적게 하고 싶다는 점을 전제로 한 뒤 인생을 돌아본다.

3. 지금껏 살아온 동안 어떤 행동을 한 것을 혹은 하지 않은 것을 후회하는가? 하고 자문한다.

세계를 하나로 이은
'페이스북',

마크 저커버그

최연소 억만장자(2012년 기준), 세계 재벌 순위에 항상 이름을 올리는 대부호, 내성적이었던 한 대학생 마크 저커버그의 현재 타이틀이다. 대학 시절 만든 SNS 사이트 페이스북을 10년 만에 세계 최고의 기업으로 키우며 말 그대로 전 세계를 이은 인물이다.

페이스북의 등장으로 새로운 시대가 찾아왔다 해도 과언이 아니다. 원활한 소통, 빠른 정보의 전달, 다양한 인맥 형성, 홍보와 마케팅의 수단이 되기도 한다. 심지어는 TV와 같은 대중매체가 아니더라도 누군가의 작은 목소리가 들불처럼 번지며 민주화의 발전을 이루기도 한다. SNS

중독이라는 부정적인 시선도 존재하지만, 그것은 각자의 사용 방식에 따른 선택적 영역이다.

마크 저커버그가 이끄는 메타(페이스북, 인스타그램, 왓츠앱)는 현재 많은 이들에게 없어서는 안 되는 필수적 삶의 영역이다. 시대가 흐름에 따라 SNS에 대한 부정적 시선들도 점점 긍정적으로 바뀌고 있기도 하다. 마크 저커버그는 애플의 스티브 잡스와 많이 비교되는 인물이다. 둘은 모두 새로운 시대의 시작을 알렸고, 닮은 점 또한 많기 때문이다. 실제로 창업 초기 스티브 잡스에게 경영에 대한 많은 조언을 구했다고도 알려져 있다.

빌 게이츠가 닦아 놓은 기반 위에서 세계인의 삶에 큰 변화를 가져온 도전과 창조의 리더 마크 저커버그, 그리고 그가 닦은 기반에서 오늘날 우리는 재미와 소통, 일상을 나누고 또 누군가는 엄청난 부를 축적하기도 한다.

다재다능한 천재

1984년 미국 뉴욕에서 태어난 마크 저커버그는 질문이 많은 아이였다. 어릴 때부터 치과 의사인 아버지와 심리학자 어머니로부터 유대교 교육인 '하브루타 교육'을 받았기 때문이다.

컴퓨터에 관심이 많았던 아버지 덕에 그는 6살 때부터 컴퓨터를 다루기 시작했고, 10살 마크 저커버그에게 '아타리 800' 초기 모델 컴퓨터를 사주었다. 아버지는 아타리 베이직 프로그래밍을 직접 가르쳤고, 재능을 보인 아들을 위해 소프트웨어 개발자 데이비드 뉴먼에게 개인 지도를 받을 수 있게 도와주었다. 그런 아버지에게 감사를 표하듯 12살에 병원에 환자가 오면 알려주는 소프트웨어 프로그램인 '저크넷'을 개발한다.

고등학교 시절에는 사용자의 음악 취향을 분석해 추천해 주는 미디어 플레이 '시냅스'를 개발했고, 가치를 알아본 '마이크로소프트'와 'AOL'이 시냅스를 100만 달러에 인수 제안했지만, 그는 제안을 단칼에 거절하고 무료로 풀어버린다. 이때부터 그의 '소명'이 점차 보이기 시작했다.

마크 저커버그는 비단 컴퓨터 프로그래밍에만 두각을 나타낸 것이 아니다. 학교 성적까지 좋았던 그는 과학 올림피아드, 라틴 영예 학생 클럽, 수학 팀에 참여하고 펜싱팀 주장까지 맡는 등 여러 분야에 걸쳐 다재다능한 천재성을 보이며, 2002년 세계 최고의 대학 하버드 대학교에 입학한다. 그리고 하버드를 중심으로 본격적인 괴짜 천재의 행보가 시작된다.

"작은 일도 시작해야, 위대한 일이 생긴다." – 마크 저커버그

세계 최고 대학을 해킹하고, 사이트를 다운시키다

컴퓨터 천재 마크 저커버그는 하버드 재학 중에 사람들을 연결시키기

위한 고민을 하는 동시에 많은 시간을 프로그램 코딩에 할애했다고 한다. 그렇게 첫 번째로 그가 만든 웹사이트가 '코스매치'였는데, 학생들 개개인의 수강 신청 과목을 공개하는 사이트로 신청 과목이 맞는 학생들끼리의 커뮤니티를 형성해주며, 좀 더 편한 학과 수업을 할 수 있게 도와주었다.

하지만 지금의 '페이스북'을 있게 만든 웹사이트는 공교롭게도 도움을 주는 '코스매치'가 아닌 많은 비난을 받은 '페이스 매쉬'였다.

'페이스 매쉬'는 하버드대학의 보안시스템을 뚫고 여학생들의 사진을 다운받아 밸런스 게임 형식의 외모 우승자를 가려내는 사이트였다. 그가 술에 취해 만든 사이트였기에 물론 여학생들의 사전 동의는 없었다. 이는 하룻밤 사이에 2만 2천 명이 방문하며 엄청난 트래픽을 발생시켰고, 결국 하버드대학의 네트워크를 다운시켰다.

사이트는 학교 측에 의해 폐쇄 당했으며, 피해 여학생들의 비난이 거세졌다. 이로 인해 마크 저커버그는 퇴학 위기까지 몰렸지만, 웹사이트로 인한 수익이 없다는 점에서 6개월 근신 처분을 받으며 간신히 퇴학을 면했다.

"사람과 사람을 연결하면 비지니스로 이어진다." – 마크 저커버그

아이비리그의 놀이터

이후 2004년 대학 친구들과 함께 재학생 인맥 쌓기 사이트인 '더 페이

스북' 서비스를 만들었다. 기존에 다른 SNS서비스가 있었지만, 익명성 기반이 대부분이었다.

마크 저커버그는 이메일을 통한 신원인증을 해야만 이용할 수 있게 하며, 누구나 신분을 정확하게 밝혀야만 가입을 승인했다. 자신의 개인정보 및 취미를 프로필에 스스로 작성하게 했고, 작성한 프로필의 공개범위 또한 스스로 설정 가능하게 만들었다. 이는 사용자들의 '진정성'을 확인하는 절차였다. 하버드 학생들은 '더 페이스북'에서 친구를 맺으며 사생활을 업로드하고 공유하는 등의 활동을 하며 '더 페이스북'을 자신들의 놀이터로 여겼다.

선풍적인 인기를 끈 '더 페이스북'은 한 달 만에 회원 수 1천 명을 돌파한다. 그리고 그 인기는 영역을 넓히며 아이비리그에 빠르게 뿌리 내렸다. 이 모습을 본 '냅스터'의 창업자 숀 파커가 2005년 '더 페이스북'의 이름을 '페이스북'으로 바꿀 것을 제안하며, 마크 저커버그에게 경영 능력 전수와 더불어 투자를 진행했다. 본격적인 '페이스북'의 탄생과 미국을 넘어 세계화를 위한 시작이었다.

하지만 이 과정에서 초기 아이디어를 제안했던 윙클보스 형제와 '더 페이스북'의 시작을 함께했던 왈도 세브린과의 갈등이 소송으로 이어지는 위기를 겪기도 했다.

여담으로, 페이스북의 로고는 적록색맹인 마크 저커버그가 식별하기

쉽도록 파란색과 흰색으로 디자인되었다.

돈에 흔들리지 않는 소명

가입 대상을 넓힌 '페이스북'은 출시 1년 만에 미국 전역을 사로잡으며 사용자가 기하급수적으로 늘어났다. 마크 저커버그는 사업에 전념하기 위해 학교를 자퇴하고 실리콘 밸리로 사무실을 옮겼다. '페이스북'의 무서운 성장 속도와 혁신에 대기업이 가만히 있을 리 없었다.

2006년 당시 최고의 포털 사이트 '야후'에서 10억 달러(약 1조 원), 2007년 '마이크로소프트'에서 150억 달러(약 17조 원)에 인수를 제안했으나 그는 망설임 없이 거절했다. '마이크로소프트'는 미디어 플레이 '시냅스'에 이은 두 번째 퇴짜를 맞은 셈이다.

마크 저커버그는 17조 원의 거액에도 흔들리지 않았다. 그는 가격표가 아닌 자신의 꿈을 직접 구현해 세상을 변화시키겠다는 자신의 소명이 더 중요했기 때문이다.

또한 그는 10억 명 이상의 사람이 이용하는 대형 플랫폼 구축에 많은 자금이 투입되었지만, 사용자들에게 별도의 비용을 요구하지 않았다. **"온라인에서 사람들을 이어주는 네트워크는 무료로 제공되어야 한다"**는 것이 그의 생각이었기 때문이다. 대신에 엄청난 사용자들이 있는 '페이스북'의 특성을 이용해 광고주들로부터 '배너광고'를 집행하며 광고 수입을 올렸다.

신의 한 수, 인스타그램 인수

2012년에 진행된 '페이스북'의 '인스타그램' 인수는 신의 한수로 꼽힌다. 인스타그램은 당시 출시 1년 반 만에 회원 수 3천만 명을 돌파하며 혜성같이 등장한 모바일 사진에 특화된 SNS였다. 다수의 벤처 캐피탈 투자가들은 당시 인스타그램의 가치를 약 5억 달러(약 5,500억 원)으로 평가했다. 하지만 마크 저커버그는 그보다 2배가량인 10억 달러(약 1조)에 인스타그램을 인수했다.

일각에서는 수익 모델이 없는 인스타그램의 인수를 두고 웹 거품이라는 비판이 있었다. 하지만 잠재적 경쟁자를 없애고, PC와 텍스트 기반 '페이스북'의 모바일 웹에서의 경쟁력을 높이기 위해 독립적 운영까지 허용하며 인수를 진행시켰다.

인수의 결과는 성공적이었다. 젊은 층의 사용자들을 대거 유입시켰고, 페이스북의 타깃 광고를 인스타그램에 도입하며 광고 수입으로만 연 80억 달러를 벌어들였다. 10억 달러에 인수했던 인스타그램의 가치가 2018년 1,000억 달러(약 111조 원)로 평가되며, 세계 시장에 독보적인 SNS 왕국을 완성시켰다. 결과적으로 매우 훌륭한 전략적 M&A의 사례이다.

새로운 시작과 위기

2021년 마크 저커버그는 가상현실(VR)을 통해 소통할 수 있는 메타버스를 구축할 계획을 발표하며 사명 또한 '메타'로 바꾸었다. 순탄했던 그의 사업에 위기가 온 것일까?

2023년 현재 기대와 달리 2만 명 가량을 해고할 만큼 난항을 겪고 있다. 그의 메타버스 사업에도 부정적 시선이 쏟아지고 있다. 그러나 "매일 30억 명이 적어도 한 번은 우리 앱을 사용한다. 곧 새로운 AI 경험을 선사하겠다."라고 밝히며 위기를 극복할 수 있는 기대감을 심어주고 있다. 앞으로 그가 어떤 기술을 내어놓고, 어떻게 위기를 타개할까?

"뜨거운 열정보다 중요한 것은, 지속적인 열정이다."

"뜨거운 열정보다 중요한 것은, 지속적인 열정이다." 마크 저커버그가 한 이야기이다. 누구나 뜨거운 열정을 가질 수 있다. 하지만 뜨거운 열정을 꾸준히 지속하는 것은 그리 쉬운 일이 아니다. **열정에도 지구력이 필요하다.** 하버드대학, 아이비리그, 미국, 세계 시장까지 점점 범위를 넓혀갔고, 회사가 커져 감에 따라 사용자들의 피드백을 수용해 기능들을 추가하며 지속적인 발전을 했다. 10년간 경쟁 우위를 차지할 만큼 말이다.

이는 자신의 야망 아래에 식지 않는 열정이 동반되었기 때문이다. 그렇기에 거액의 돈에도 흔들리지 않았다.

그는 매일 같은 회색 티셔츠를 입는 것으로 유명하다. 사소한 고민조차 자신의 사업에 쏟아붓고 싶기 때문이다. 우리를 움직이게 하는 가장 큰 원동력은 열정이다. 요즘은 작심삼일을 반복하라는 말이 있다. 하지만 작심삼일의 반복은 결국 제자리일 뿐이다.

작은 목표라도 결과를 내 본 사람과 그렇지 못한 사람의 성장 폭은 차이가 클 수밖에 없다. 마크 저커버그와 같이 **흔들리지 않는 신념으로 꾸준히 결과를 내는 사람이라면 '퀀텀 점프'의 시기가 분명히 올 것이다. 반드시 그렇게 되어야 한다.**

"결국에는 신념을 가진 자가 승리한다." – 마크 저커버그

사진으로 세상과 소통하다 '인스타그램',

케빈 시스트롬

'세상의 순간들을 포착하고 공유한다.'라는 슬로건을 내걸고 2010년 서비스를 시작한 인스타그램은 세계인이 가장 많이 사용하는 SNS 플랫폼으로 현재 약 10억 명이 넘는 활동 계정을 보유하고 있다.

기업은 물론 정치인, 연예인, 운동선수와 같은 유명인들은 본인의 인스타그램 계정으로 팬들과 소통하고, 때로는 논란거리를 만들며 기사화되기까지 한다.

또한 하나의 짧은 영상(릴스)이 화제가 되며 하루아침에 유명인이 되어 '인플루언서'의 삶을 살아가는 사람들도 있다.

사용자의 목적에 따라 광고의 수단, 브랜딩, 판매, 일상을 공유하고 소통하는 수단이 되기도 한다. '인스타그램에 올릴 만한'이라는 뜻을 가진 '인스타그래머블'이라는 말이 생길 정도로 우리의 삶에 스며든 인스타그램은 〈워싱턴 포스트〉에서 '2010년대를 이끈 10대 기술' 중 하나로 꼽히며 화제를 모으기도 했다. 2023년 4월 우리나라 인스타그램 애플리케이션 사용자 수가 2천167만 명으로 역대 최고치를 기록했다. 〈와이즈앱 · 리테일 · 굿즈〉의 분석에 따르면 한국인 스마트폰 사용자를 표본 조사한 결과 스마트폰 이용자 5천120만 명 중 42%가 인스타그램 앱을 사용한 것으로 나타났다.

세계 SNS 시장을 사로잡은 인스타그램의 창업자 케빈 시스트롬은 SNS의 황제 마크 저커버그의 좋은 제안을 두 번이나 거절할 만큼 자신만의 고유의 것을 추구한다. 와인을 공부하고, 고급 커피 기술을 배울 만큼의 고급스러움과 감성 그리고 프로그래밍 기술까지 그야말로 '팔방미인'의 매력을 지닌 그는, 스타트업을 꿈꾸는 이들에게 많은 귀감이 되는 인물이다.

경영, 예술, IT의 경험

1983년 미국 메사추세츠 주에서 태어난 케빈 시스트롬은 의외로 IT분야 전공자가 아닌, 스탠퍼드대학 경영학을 졸업했다. 하지만 스스로 코딩과 프로그래밍을 배우면서 끊임없이 관심을 가졌다고 한다. 이를 계기로 스탠퍼드대학에서 주관하는 산학 협동 프로그램 '메이필드 펠로우'에 선정돼 오늘날 트위터의 전신인 팟캐스트 서비스 회사 '오데오(Odeo)'에서 인턴 경험을 하기도 했다.

고등학생 시절 사진 동아리 활동과 이탈리아 피렌체로 사진 유학을 갈 만큼 사진을 사랑했던 그는 대학교 2학년 때 대용량 사진 공유 서비스 '포토박스'를 만들었다. 그의 재능을 본 마크 저커버그가 '페이스북' 입사를 제안했지만, 학업을 마치는 게 우선이었던 케빈 시스트롬은 제안을 거절했다. 마크 저커버그에게 한 첫 번째 거절이었다.

2006년, 대학 졸업 후 '구글'에 입사해 마케터로 경험을 쌓은 그는 구글 출신의 동료들이 설립한 여행 정보 제공 서비스 스타트업 '넥스트스톱'에 합류하게 되었다.

직원으로 일하면서 본인의 사업에 대한 꿈을 실현하려 주경야독하며 창업을 준비했다. 기회는 준비된 자에게 온다고 했던가. 2010년 샌프란시스코에서 개최된 스타트업 미트업 행사에서 기회가 찾아왔다.

실패 속의 발견

그는 '넥스트스톱'에서 일하며 디지털 카메라의 시대가 점차 저물어 가고 있음을 느꼈다.

당시 아이폰4의 카메라 성능이 눈에 띄게 좋아졌기 때문이다. 그러면서 휴대폰 카메라로 찍은 사진을 쉽고 빠르게 공유할 수 있고, 거기에 더해 위치 정보까지 확인할 수 있으면 좋을 것 같다는 아이디어를 떠올리게 된다. 두 아이디어를 접목한 '위치 기반의 사진 공유'라는 자신의 사업계획을 미트업 행사에서 투자가들에게 설명했고, 그의 사업에 미래 가치를 본 '안데르센 호로비츠'와 '베이스라인 벤처스'로부터 50만 달러 투자 유치에 성공했다.

그렇게 케빈 시스트롬은 회사를 그만두고 자신만의 사업의 길로 들어선다.

스탠퍼드대학의 동문인 엔지니어 '마이크 크리거'를 공동 창업자로 합류시키며, 처음으로 선보인 서비스는 인스타그램의 전신이 되는 '버븐(Burbn)'이었다. 그들은 넘쳐나는 아이디어로 '위치 기반의 사진 공유' 서비스 안에 계획표 짜기, 게임, 포인트 적립 등 다양한 기능을 추가하며 신나게 개발했다.

하지만 3G 기반의 스마트폰의 한계로 업로드 시간이 오래 걸렸고, 너무 복잡했던 '버븐(Burbn)'은 사용자들은 물론 투자가들에도 외면당하며 실패로 돌아갔다.

당시를 회상하며 그는 사람들의 생각과 제품에 대한 평가가 아닌 사용자들의 실제 사용 여부의 중요성을 깨달았다고 한다. 다른 전략이 필요했던 두 창업자는 사람들이 가장 많이 사용하고, 자신이 사랑하는 사진에만 집중하기로 한다. 모든 기능을 버리고 오직, '단순함'에 초점을 두기로 한 것이다.

피렌체에서 얻은 영감 인스타그램

'단순함'에 초점을 맞춘 아이디어는 이탈리아 피렌체 유학 시절로 거슬러 올라간다. 그는 사진 수업 중 값비싼 고급 카메라를 쓰고 있었는데, 이를 지켜보던 찰리 교수로부터 오래된 저가형 카메라 '홀가'를 추천받았다. '홀가'의 정사각형 흐릿한 흑백사진은 레트로함이 있었고, 케빈 시스트롬은 그 매력에 빠지게 되었다.

오래된 카메라 사진을 좀 더 멋진 작품으로 만들고 싶었던 그는 보정에 심혈을 기울이기도 했다. 그리고 그 경험이 아이디어로 다가왔다.

스마트폰에서 찍은 사진을 앱 자체에 다양한 필터를 적용해 바로 업로드 할 수 있는 기능을 추가했다. 초기에는 사진을 정사각형으로 제한한 덕분에 사람들은 카메라를 가로로 돌려서 사진을 찍을 필요도 없었다. 트위터와 페이스북을 벤치마킹한 것도 신의 한 수였다. 트위터처럼 글자수를 제한하고 팔로우, 팔로잉을 노출시켰으며, 페이스북의 '좋아요'(엄지) 기능 대신 하트 기능을 추가했다. 그렇게 인스턴트 카메라(instant camera)와 보낸다(telegram)의 의미를 합친 인스타그램(instagram)이

2010년 앱스토어에 공개되었는데, 하루 만에 2만 5천 건의 다운로드를 기록하며 성공적인 시작을 알렸다. 초창기 유명 사진작가들을 끌어들여 멋진 사진을 업로드해 입소문이 퍼지게 했고, 이내 유명인들까지 유입되기 시작했다.

특히 세계적인 팝스타 저스틴 비버가 인스타그램에 사진을 업로드하며 기폭제 역할을 하였고, 출시 1년 만에 1,000만 명의 사용자를 확보했다. 유튜브에 호나우지뉴가 있었다면 인스타그램에는 저스틴 비버가 있었던 것이다. 그렇게 하루가 다르게 성장하고 있는 케빈 시스트롬에게 한 통의 전화가 걸려 온다.

페이스북과 만남

초창기 2011년에도 트위터, 페이스북으로부터 인수 제안이 있었지만 서비스 확장을 하고 싶었던 케빈 시스트롬은 거절한 적이 있다. 마크 저커버그에 대한 대학 시절에 이은 두 번째 거절이었다. 2012년 4월 인스타그램의 가치가 5억 달러(한화 약 5,500억)로 책정되자. 위기를 느낀 마크 저커버그는 또 한 번 10억 달러(한화 약 1조)에 달하는 금액으로 인수를 제안했다.

이는 모바일 어플리케이션 역사상 전무후무한 가격표였다. 심지어 인스타그램은 당시 수익 모델도 없었다. 거기에 더해 독립 운영 보장이라는 좋은 옵션까지 제시한 페이스북과 손을 잡기로 했다. 서비스 시작 18개월, 직원 수 13명으로 이룬 성과였다.

페이스북과의 만남으로 페이스북의 광고 기술, 알고리즘, 데이터를 이용해 막대한 광고 수입과 폭발적인 성장세를 이어 나간 인스타그램은 2018년 인수 가격의 100배인 1,000억 달러(한화 약 110조)의 가치로 평가되었다.

신경전

사라 프라이어의 저서 『노필터』에 따르면 독립성을 보장받은 인스타그램의 폭발적인 성장에 페이스북의 잠식을 우려한 '메타'는 지원을 축소하였고, 인력 충원 요청에도 불구하고 지원을 하지 않으며 견제하였다. 그 과정에서 마크 저커버그의 끊임없는 성장과 수익성을 중시하는 가치관과 케빈 시스트롬의 고유의 가치를 준수하자는 의견 충돌로 두 CEO의 엄청난 신경전이 있었다고 전하고 있다. 한마디로 기업 문화 간의 충돌이라 할 수 있다.

결국 2018년 "우리는 호기심과 창의력을 다시 한 번 탐구하기 위해 잠시 쉬어가려고 한다."라는 말을 남기며 케빈 시스트롬과 마이크 크리거는 인스타그램을 떠났다. 물론 『노필터』는 인스타그램의 입장에서 쓰인 책이기 때문에 편향된 시선으로 바라보면 안 된다. 분명한 것은 두 CEO 모두 세계인의 일상을 바꾼 훌륭한 인물이라는 점이다.

2018년 부사장이었던 아담 모세리가 CEO에 올라서며 현재까지(2023년 5월 기준) '메타'의 가치관 아래 끊임없는 발전과 그에 따른 성과를 내고 있다. 서비스 시작 약 10년 만에 1,000억 달러의 가치를 인정받고 강한 영향력을 가지고 있는 인스타그램. 과연 앞으로 얼마만큼 더 성장하고 더 큰 영향력을 발휘할지 기대된다. 또한 창업자 케빈 시스트롬은 또 어떤 본인만의 기발한 아이디어와 서비스로 우리 앞에 나타날까?

절대 포기해야 한다

절대 포기하지 마! 끈기가 중요해. 꾸준해야 된다. 이 모든 말은 옳은 말이다. 하지만, 잘못됐다는 판단이 들었을 때는 인정하고 과감하게 포기하고 바꿔야 한다는 것을 잘 보여주는 사례가 있다. IT 스타트업에서는 피보팅(pivoting) 전략을 많이 쓴다. 피보팅이란 핵심 사업의 아이템을 외부 환경의 변화와 고객의 니즈에 맞춰 사업의 방향을 전환하는 것을 말한다.

케빈 시스트롬과 마이크 크리거 두 창업자는 '버븐'을 만들기 위해 최선을 다했고, 여러 가지 시나리오를 구상하며 기대도 컸을 것이다. 하지만 사용자들의 선택을 받지 못했다. 만들기 위해 들인 시간과 노력, 쌓아놓은 데이터들이 아깝지만, 그 많은 기능과 아이디어들을 모두 버리는 선택을 했다. 이용자들의 니즈와 시장의 환경에 맞춰 해결책을 찾고 방법을 바꿨다. 그리고 그들의 피보팅 전략은 제대로 먹혀들었다.

요즘은 ‘다재다능’, ‘팔방미인’에 대한 시선이 좋지 않다. 한 분야에 깊이 있는 전문성이 없다고 생각하기 때문이다. 하지만 이 시선 또한 달라지고 있다. 스탠퍼드대학 경영학을 졸업할 만큼 공부를 잘했지만, 코딩과 프로그램을 배우고, 고급스러운 취미를 배우기 위해 이탈리아로 유학까지 갔다. 또한 스타트업에 근무하며 업무시간 외에 창업 준비를 했다. 그리고 이 모든 경험을 조합해 만든 것이 지금의 ‘인스타그램’이다. **확실한 것은 무엇이든 배우고 자기 개발 하는 것이 머무름보다 낫다는 사실이다.**

SNS 마케팅 시대를 열다,

카일리 제너

기업의 CEO들은 대부분 SNS를 멀리하려는 경향이 있다. 그 이유는 사생활에 영향을 미치기도 하고 자신의 작은 실수가 자칫 기업에 큰 악영향을 미칠 수 있기 때문이다. 맨체스터 유나이티드의 전설적인 감독 알렉스 퍼거슨도 "SNS는 인생 낭비다."라는 격언을 남기며 SNS에 다소 부정적인 프레임이 씌워졌다.

부모들 또한 하루 종일 휴대폰을 붙잡고 SNS를 들여다보고 있는 자녀들을 보고 있자면 복장이 터질 것이다. 하지만 SNS를 이용해서 억만장자가 될 수 있다고 하면 그 시선이 달라질까?

2018년 〈포브스〉가 선정한 최연소 자수성가 억만장자 '카일리 코스메틱'의 CEO 카일리 제너가 그 주인공이다. 그녀는 사업 시작 3년 만인 만 21세에 약 1조원의 재산을 쌓았다. 이는 만 23세에 최연소 억만장자에 오른 페이스북의 CEO 마크 저커버그의 기록을 뛰어넘는 기록이다. 카일리 제너는 이런 자신의 성공의 8할이 SNS 덕분이라고 이야기하기도 했다.

현 시대는 SNS 세상에서 노는 것을 조금 긍정적으로 바라보아야 한다. 현재 SNS는 단순 놀이를 넘어서 정보, 생활에 유익한 다양하고도 획기적인 이른바 꿀팁을 제공해주기도 한다. 그리고 우리는 그런 정보 제공자를 찾아다닌다. 무엇보다 자신의 가치를 만들고 알릴 수 있는 1인 기업 브랜딩의 장이 되기도 했으며, 대기업까지 인플루언서를 통한 SNS 마케팅에 치중하기 시작했다.

콤플렉스를 1조짜리 아이디어로

미국 유명 방송인 집안 카다시안가의 막내 카일리 제너는 2007년 리얼리티 프로그램 〈4차원 가족 카다시안 따라잡기〉에 출연하며 이름을 알리기 시작했다.

하지만 우리에게도 잘 알려진 켄달 제너, 킴 카다시안 등 그녀의 언니들에 비해 당시 10대 소녀였던 카일리 제너는 대중들에게 크게 주목받지 못했다.

그녀는 어릴 적부터 뷰티 분야에 관심이 많았다. 특히, 립 제품에 가장 관심이 많았는데, 그 이유는 카메라에 비치는 자신의 얇은 입술에 콤플렉스를 가지고 있었기 때문이다. 10대 때 교제하던 남자친구에게도 얇은 입술로 인해 상처를 받았다고 한다. 콤플렉스를 지우고 변화를 꿈꾸며, 2014년 입술 필러 시술을 하게 되었고, 이를 대중들에게 사실대로 털어놓았다. 그리고 이것이 그녀의 터닝 포인트가 되었다.

기존의 귀여운 이미지에서 섹시한 이미지로 변신하며, 언니들의 그늘에서 벗어나 스포트라이트를 받기 시작한다. 특히 미국의 10대들에게 큰 인기를 누렸는데, 그녀의 도톰한 입술을 따라하려는 이른바 '카일리 효과'라는 말이 생길 정도였다. 섹시한 입술의 대명사가 과거 안젤리나 졸리에서 카일리 제너로 세대교체가 되는 순간이었다.

인기에 힘입어 잡지의 표지 모델 활동과 크고 작은 패션 행사에 참여하며 인지도를 더 쌓아갔다. 자연스레 카일리 제너의 SNS에는 팔로워들이 모였고, 그녀는 자신의 콤플렉스였던 얇은 입술을 가릴 수 있는 립 제품 사업에 뛰어들게 된다.

성공의 이유는 단연 그녀의 무기인 SNS를 이용한 인플루언서 마케팅이 핵심이다. 카일리 제너는 **〈포브스〉와의 인터뷰에서 "SNS는 고객에게 쉽게 다가갈 수 있는 놀라운 플랫폼"**이라 말하기도 했다. 2016년 당시 팔로워 1억 1,000만 명(23년 4월 기준 3억 8천 명)이었는데 당시 전 세계

인스타그램 팔로워 수 TOP 10 안에 드는 순위였고, 이는 대한민국 인구의 2배가 넘는다.

준비된 팔로워(고객)들의 열렬한 지지 아래에, 18세에 모델 일과 방송 출연으로 벌어들인 25만 달러(2억 8천만 원)로 립 키트를 만드는 회사에 투자 및 생산을 시작했고, 자신의 이름을 달고 나온 개당 29달러(3만 원)짜리 '립 키트 바이 카일리'를 출시한다. 출시 하루 전날 자신의 SNS에 이를 홍보했고, 출시 당일 해당 제품은 온라인 판매 단, 1분 만에 1만 5천 세트가 완판되며 놀라운 성과를 거두게 되었다. 이를 시작으로 2016년 2월 그녀만의 뷰티 브랜드 '카일리 코스메틱스'를 정식 출시하며 그해에만 3억 700만 달러(3,428억 원)의 매출을 올렸다.

미국 패션 전문지 〈WWD〉**에 따르면 에스티로더의 톰 포드 뷰티가 2006년 뷰티 라인 출시로부터 5억 달러의 매출을 달성하는 데 10년이 걸렸고, 로레알그룹 랑콤이 10억 달러 매출을 올리는 데 80년의 시간이 걸렸다고 한다.** 이와 비교해 보면 '카일리 코스메틱스'의 성장 속도가 얼마나 대단한지 알 수 있다.

카일리 제너의 SNS 활용법

다른 인기 스타들과 다른 점이 있다면 일방향 소통이 아닌 양방향 소통을 한다는 점이다. 보통 인플루언서들은 우리와는 좀 다른 상상 속의 인물 같은 느낌이 있다.

대표적인 예가 인기 스타와 팬의 거리 정도라 생각하면 되겠다. 팬들은 스타의 리얼한 일상생활과 고민거리를 엿보지 못하고 화려하고 멋있는 모습만 보게 되는 거리감이 분명히 있으니 말이다.

반면 카일리 제너의 팔로워들은 그녀와 연결되어 있으며, 실제 소통한다고 느낀다. 인플루언서지만 마치 아는 사람처럼 보이는 매력이 있다. 그녀는 '생얼'로 나와 화장법을 가르쳐 주기도 하고, 판매 직원처럼 제품을 설명하기도 하며, 개인적인 일상과 감정을 공유하는 데에도 매우 적극적이다.

또한 "인스타그램 업로드에 필요한 '인생 샷'을 얻기 위해 몇 백장의 사진을 찍는다."라고 말하며 팔로워들과 같은 고민을 하는 한 사람으로서 스타와 팬의 거리를 좁히며 기업의 CEO답지 않은 친숙함도 보여준다. 이런 모습들은 고객들에게 공감을 얻고 호감도 상승을 불러왔다.

카일리 제너는 단순한 인기와 고객 관리로 끝내지 않았다. 적극적 소통을 통해 소비 트렌드를 파악 후 제품을 생산하고, 고객들의 피드백을 적극 수용하여 자신의 상품을 보완했다. 또한 문제 발생 시 진심 어린 사과를 하는 모습도 보여주곤 한다. 이처럼 진정성 있는 카일리 제너의 모습은 곧장 매출 상승으로 이어졌다. 다시 말해 그녀의 팔로워들은 '카일리 코스메틱스'의 주요 고객이자 많은 아이디어와 피드백을 제공하는 유능한 직원인 셈이다. 이 모든 것은 자신을 드러내며 팔로워들과 진정성 있는 관계를 형성했기에 가능했다.

인플루언서로서 사업을 하는 1인 기업들이 늘고 있는 추세이다. 카일리 제너를 거울 삼아 단순 판매방법만을 생각하는 것이 아닌 내가 어떤 사람인지 파악하는 것이 우선이라 생각해보는 게 좋은 방법이 될 것이다. 팔로워들은 영향력을 가진 당신 개인에 대해 매우 궁금할 것이니 말이다. 다시 한 번 강조하자면 핵심은 진정성이다.

금수저인가? 자수성가인가?

〈포브스〉가 '역대 최연소 자수성가형 억만장자'에 카일리 제너의 이름을 올리며, 일각에서는 유명 방송인 집안에서 태어나 어릴 적부터 방송에 출연해 이름을 알렸다는 이유로 자수성가가 아닌 '금수저'라는 주장이 있다. 그들의 주장은 틀리지 않았다.

그렇다고 해서 자수성가가 아닌 것도 아니다. 실제로 사업에 일가견이 있는 어머니 크리스 제너에게 단돈 1달러도 받지 않았으며, 조언을 들은 것이 전부이다. 어머니 크리스 제너 또한 사업을 시작하려는 딸에게 "네가 모아둔 돈으로 사업을 시작해. 그래야 동기부여를 얻을 수 있어."라고 이야기했다.

자수성가라 할 수 있는 가장 중요한 요인은 어머니 크리스 제너가 제품 광고를 해주겠다고 손을 뻗었지만 자신의 방식대로 하겠다며 거절했다. 그렇게 시작한 자신의 방식이 바로 SNS 마케팅이다.

또한 카일리 제너가 계획한 립 라이너와 립스틱이 함께 들어 있는 립키트 아이디어 또한 10대만이 할 수 있는 천재적인 아이디어로 뷰티 업계를 놀라게 하였다. 저자의 생각에는 이런 논란거리를 만드는 자체가 부러움의 비아냥으로 들릴 뿐이다. 그리고 그런 비아냥은 자신의 발전에 아무런 도움이 되지 못한다.

세계를 들었다 놨다 SNS의 파워

현시대에 SNS의 영향력은 대단하다. 몇 가지 예를 들면 18년 2월 카일리 제너가 자신의 트위터에 "사람들이 더 이상 스냅챗을 안 쓰는 건가? 나만 쓰는 건가… 이건 좀 슬프다."라는 글을 남겼는데, 이 한 줄의 영향으로 '스냅'의 주가는 장중 10%나 급락하기도 했었다.

또한 2021년 비트코인이 세계를 떠들썩하게 만들던 시기에 일론 머스크의 트위터 글로 인해 그가 언급한 코인이 급등과 급락을 하기도 했다. 이는 비단 영향력 있는 CEO들로 인한 경제 분야에만 국한되어 있는 것이 아니다.

2010년 12월 튀니지 시디부지드의 한 청년이 과일 장사를 하며 생계를 꾸려나가던 중 경찰에 모든 것을 빼앗겼다. 이유는 뇌물을 주지 않았기 때문이다. 억울하고 비참했던 청년은 지방 청사 앞에서 분신을 하게 된다. 이 영상은 곧장 SNS에 퍼졌고, 부정부패에 곪아 있었던 시민들의 분노가 폭발하며 거리로 쏟아져 나왔다. 이를 '자스민 혁명'이라 부르는데 튀니지를 시작으로 리비아, 바레인, 예맨 등의 여러 아랍 국가로 민주화 운동이 퍼지며, 철권이라 불리던 아랍의 독재정권들이 무너지는 이른바 '아랍의 봄' 사건이 일어나기도 했다.

앞서 언급했듯이 SNS는 이제 단순 놀이가 아닌 복합적 문화를 형성했다하여도 과언이 아니다. 이제는 세상의 눈과 귀가 된 SNS를 이전과는 다른 시선으로 바라볼 필요가 있다. 한 가지 확실한 것은 날이 갈수록 돈이 SNS로 몰려들고 있다는 것이다. 일론 머스크가 트위터를 인수한 데에는 그만한 이유와 가치가 있지 않을까.

자율주행 시대의 핵심 인물
그리고 '포브스'의 새 얼굴,

오스틴 러셀

2021년 4월 〈포브스〉는 새로운 '최연소 자수성가 억만장자'를 소개했다. 메르세데스 벤츠, 볼보, 도요타, 닛산, 폴스타 등 세계 최고의 자동차 회사들과 협약을 맺은 자동차 부품 업체 '루미나 테크놀로지'의 CEO 오스틴 러셀이 그 주인공이다. '루미나 테크놀로지'는 자율주행 자동차에 눈과 같은 역할을 하는 '라이다'를 생산하는 업체이다. '라이다'의 설계와 제품 생산 이 모든 과정을 10대였던 오스틴 러셀이 직접 했으며, 17세의 어린 나이에 '루미나 테크놀로지'를 창업했다.

제2의 일론 머스크라 불리지만, 일론 머스크의 의견에 정면으로 반박하고 도전하며 자동차 회사들의 마음을 사로잡았다. 지난, 2020년 나스닥에 상장하면서 24억 달러(약 3조 원) 가치의 주식을 가진 그는 억만장자 반열에 합류했다.

최근 2023년에는 자신을 최연소 억만장자로 소개했던, 100년 넘는 역사를 지닌 미국의 경제지 〈포브스〉를 인수하며 그 사업 영역을 넓혀가고 있다. 실리콘 밸리 IT 분야의 거물 CEO들이 즐비한 가운데 또 다른 분야에서의 혁신으로 세계를 놀라게 한 새로운 천재라는 점에서 많은 이들의 관심이 집중되고 있다.

Information Sponge

1995년 미국 캘리포니아 뉴포트 비치에서 태어난 오스틴 러셀은 약간의 거리감이 있을 수 있는 비현실적인 천재이다. 갓 걸음마를 뗀 2살 때 원소주기율표를 모두 외웠고, 10세 때 소프트웨어 컨설팅을 할 만큼 컴퓨터에도 재능을 보였다. 놀라기에는 아직 이르다. 휴대폰이 갖고 싶었던 오스틴 러셀은 부모님께 요구하지만, 아직은 때가 이르다고 판단한 부모님의 거절에 자신이 소유하고 있던 닌텐도를 프로그래밍해 와이파이 휴대폰으로 개조시켰다.

13세에는 버려진 물을 재활용할 수 있는 스프링클러 지하수 재활용 시스템 특허를 출원하기도 했다. 그리고 이 모든 것은 누가 가르쳐준 것이 아닌 인터넷의 정보와 책을 읽으며 독학으로 이룬 성과이다. 그는 이런 자신을 두고 '인포메이션 스펀지'라고 지칭한다. 현재에도 하루 천 개의 기사와 논문을 살펴볼 만큼 정보를 얻는 데 치중하고 있다.

레이저에 관심을 가진 그는 고등학교 진학을 하지 않았고, 캘리포니아 어바인 대학의 부설 연구소인 백먼 레이저 연구소에서 홀로그램 키보드 시스템, 악성 종양 레이저 탐지기 등을 개발하며 자신의 천재성을 유감 없이 발휘하며 커리어를 축적시켜 나갔다.

세상 밖으로 나온 '루미나 테크놀로지'

그의 천재성을 본 부모님은 레이저 사업가인 아이엔 홀츠를 소개해주었고 2012년, 17살 나이에 부모님의 집 차고에서 '라이다' 개발을 위한 '루미나 테크놀로지'를 창업하게 된다. 아이엔 홀츠는 어린 오스틴 러셀을 멘토링 하며 공동 창립자 겸 최고기술책임자(CTO)로 합류하게 되었다. 2013년 그의 천재성을 알아본 물리학과 교수의 추천으로 스탠퍼드대학에 특례 입학하게 되었다. 그러나 입학 후 얼마 시간이 지나지 않아 피터 틸의 '틸 펠로십'에 참여하면서 본격적으로 라이다 설계와 생산에 집중했다.('틸 펠로십'이란, 장학생으로 선정된 학생들에게 중퇴 후, 창업하는 조건으로 10만 달러(약 1억 원)를 지원하는 프로그램이다.)

'라이다'는 레이저 펄스를 반사하여 목표물로부터 빛이 돌아오는 신호를 이용해 거리 측정과 다양한 물성을 감지하는 기술로 자율주행차의 핵심부품이다. 오스틴 러셀의 '라이다' 기술이 주목받기 시작한 것은 '루미나 테크놀로지'의 가능성을 본 벤처캐피탈들의 투자가 진행된 2017년부터이다. 그가 회사를 알리지 않은 것은 기존의 '라이다' 생산업체에 기술 유출을 우려해 5년 동안 비밀리에 개발했기 때문이다.

일론 머스크에 도전장을 내밀다

2019년 4월, 일론 머스크는 자율주행 데이에서 "라이다는 바보들이나 쓰는 장치다. 라이다에 의존하는 회사들은 앞으로 불행해질 것이다."라고 주장했다. 그 이유는 비싼 가격 때문이었다. 실제로 일론 머스크의 '테슬라'의 자율주행 시스템 '오토파일럿'은 라이다를 사용하지 않고 카메라, 초음파 센서, 인공지능(AI)만으로 분석 정확도를 높이는 데 힘을 쏟았다. AI가 더 발전하면 완벽 자율주행이 가능하다는 이론이다. 또 한 가지 자동차 상부에 장착된 '라이다'를 두고 멋이 없다며 깎아내리기도 했다.

일론 머스크의 주장에 오스틴 러셀은 "라이다 없이 자율주행차를 만들겠다는 일론 머스크의 계획은 비현실적이다.", "사람이 눈으로 보고 운전하듯이 카메라 몇 대 만으로 자율주행이 가능하다는 이론인데, 그 어떤 카메라도 사람의 눈에 근접하지 못했다."라며 정면으로 반박한다. 일론 머스크의 주장에도 타당한 이유가 있었고, 오스틴이 막대한 영향력을 지닌 일론 머스크에게 강력하게 반대의견을 피력할 수 있었던 것도 타당한 근거가 있었다.

'아이리스'의 탄생과 대중화

첫 번째는 비싼 가격이다. 당시 경쟁사 '벨로다인'의 라이다는 1천만 원을 호가했지만, 루미나가 출시한 '아이리스'는 부품을 줄이고, 소프트웨어를 고도화하며 500달러(약 65만 원)까지 가격을 낮췄다. 두 번째, 날씨의 영향을 개선했다. 기존 제품들은 905nm 파장을 사용했지만, 1,550nm 파장을 사용하며 해상도와 탐지거리를 높였다. 세 번째, 자동차 상단에 부착된 원통 모양의 360도 회전하는 '라이다'는 미관을 해친다는 평가를 받았다. 하지만 '아이리스'는 사이즈가 작은 사각형 모양의 매립식으로 만들어지며 이 문제를 해결했다.

현재 '루미나 테크놀로지'는 세계적인 자동차 기업들과 협약을 맺고 있다. 특히, 업계 최고 안전성을 자랑하는 볼보의 자율주행 SUV 'EX90'에 루미나 '아이리스' 라이다를 탑재하며 대중화의 시작을 알렸다. 오스틴 러셀은 향후 라이다의 가격을 100달러까지 낮추고, 2025년까지 100만 대의 차량이 '루미나 테크놀로지'의 라이다를 달고 달릴 것이라고 호언했다. 과연 루미나는 목표한 바를 이루고 4차 산업혁명 시대의 핵심 사업인 5단계 완전 자율주행의 선봉장이 될까? 그리고 그 과정에서 오스틴 러셀 CEO는 또 어떤 천재성을 발휘할지 기대된다.

〈자율주행 레벨〉

1단계, 운전자 보조: 속도와 제동 일부를 제어하는 단계

2단계, 부분 자율화: 시스템이 자체 감속과 차량 거리 유지를 도와주는 단계

3단계, 조건부 자동화: 운전자의 개입이 없지만, 특정 조건(위험 시)에만 개입하는 단계(고속도로에 적합)

4단계, 고도 자동화: 비상시에도 시스템이 자체적으로 대응하는 단계

5단계, 완전 자동화: 운전자가 없어도, 주행이 가능한 단계

– 참고 : 국토부

'Forbes'의 새로운 얼굴

여러 매체의 기사를 접하다 보면 '포브스 선정'이라는 문구를 많이 볼 수 있다. 〈포브스〉는 미국 최대의 경제 전문지이다. 세계 부자 순위, 기업 순위, 가치 순위 등 주제별로 순위를 알리며 세계인들의 이목을 집중시킨다. 경쟁사로는 〈포춘〉이 꼽힌다.

1917년에 창간된 〈포브스〉는 100여 년의 역사를 가진 권위 있는 기업이다. 창간 후 3대째 가족경영으로만 이루어지다가 자금난에 시달리자 2014년, 홍콩 투자회사 IWM에 지분을 넘겼다.

그러던 2023년 5월 '최연소 자수성가 억만장자'로 선정된 오스틴 러셀이 〈포브스〉의 모기업인 포브스 글로벌 미디어 홀딩스 지분 82%를 인수하며 최대주주가 되었다. 새로운 주인을 찾은 것이다.

미국 〈월스트리트저널(WSJ)〉에 따르면, **러셀 CEO의 인수 후 〈포브스〉의 기업 가치는 8억 달러(약 1조 752억 원)로 평가됐다. 그는 〈포브스〉를 두고 "항상 존경하던 브랜드이자 미디어 제국"이라 평가하며 평소 동경한 것으로 알려져 있다. 기존 운영에는 관여하지 않고, 미디어 기술, 인공지능 전문가 등으로 구성된 이사회를 맡을 것이라고 밝혔다.**

아마존 CEO 제프 베조스의 〈워싱턴 포스트〉 인수, 일론 머스크의 '트위터' 인수, 그리고 오스틴 러셀의 〈포브스〉 인수까지 왜 세계적인 기업가들은 미디어 기업을 인수할까?

그 이유는 경제적, 사회적 영향력 즉, 새로운 권력을 갖기 위한 전략이라고 해외 언론들은 분석하고 있다.

눈앞에 다가온 4차 산업혁명의 주역이자, 〈포브스〉까지 소유한 20대 오스틴 러셀은 어떻게 세계적인 영향력을 행사할지 그 귀추가 주목된다.

도광양회(韜光養晦)로 권위의 원칙을 깨다

도광양회(韜光養晦)라는 말이 있다. "빛을 감추고 어둠 속에서 실력을 기른다.", "재능이나 명성을 드러내지 않고 참고 기다린다."는 뜻이다. 오스틴 러셀은 2012년 '루미나 테크놀로지'를 창업한 후 5년간 모습을 드러내지 않고, '라이다' 개발에 매진했다. 그리고 때가 되었을 때 비로소 모습을 드러냈다.

그렇기에 일론 머스크와 같은 권위 있는 사람의 의견에도 정면으로 반박하며 당당할 수 있었다. 자신과 자신이 만든 제품에 대한 확신이 있었기 때문이다.

스티븐 뉴버그의 저서 『설득의 심리학』에는 '권위의 원칙'에 대해 이야기하고 있다. 우리는 보통 권위 있는 의사, 교수, 전문가, CEO들이 하는 말에 복종하며 쉽게 동의한다는 것이다. **권위에 기대어 잘되면 좋은 것이고, 잘못되면 나의 책임이 아니라 생각할 수 있는 책임 회피의 수단이 되기 때문이다.**

물론 전문가의 고견에 귀를 기울여야 하지만 당신이 뭔가 도전할 시점이 온다면, 세상에 존재하는 '권위의 원칙'을 깨부술 만큼의 '자기 신뢰'가 기반되어야 한다. 그렇기 위해서는 자신의 실력을 갈고닦는 노력은 필연적이다.

만약 오스틴 러셀이 '권위의 원칙'을 깨지 못해 일론 머스크의 말에 복종하고 동의했다면, 그는 억만장자가 되지 못했을 것이고, 우리의 미래 선택권은 한정적이었을 것이다.

두 인물을 견주어 보았을 때 성공의 확률을 높이는 데는 두 가지의 선택지가 있다. 일론 머스크처럼 '공개선언'을 할 것이냐, 오스틴 러셀처럼 '도광양회'할 것이냐. 당신은 어떤 선택을 할 것인가?

페이팔을 '고물'로 만든 '스트라이프',

콜리슨 형제

세계 최대의 온라인 결제 서비스 업체를 '고물' 취급해버리는 기업이 있다. 바로 실리콘 밸리에서 가장 주목받는 기업 '스트라이프'다. 〈블룸버그 통신〉에 따르면 **"미국인 중 절반은 모르는 사이에 스트라이프를 통해 온라인 결제를 했을 것"이라며 온라인 결제 시스템의 공룡 페이팔의 숨통을 조여 오는 기업으로 표현했다.**

재밌는 것은 '스트라이프'의 초기 투자자는 경쟁사인 '페이팔'의 공동 창업자 피터 틸이라는 점이다. 또 다른 공동 창업자인 일론 머스크 또한 자신의 사비를 털어 투자할 정도로 그 가치를 높게 평가했다. 실리콘 밸리의 큰손 '페이팔 마피아'에게 선택받고, 혁신적인 기업을 창업한 이들은 앳된 20대 초반의 패트릭 콜리슨(당시 22세), 존 콜리슨(당시 20세) 형제이다.

2010년 아일랜드 태생의 콜리슨 형제가 창업한 '스트라이프'는 피터 틸, 일론 머스크 이외에도 세쿼이어 캐피탈, SV엔젤 등의 굵직한 벤처캐피탈 회사들의 투자를 받아 2011년 일찌감치 비상장 스타트업 10억 달러(약 1조) 이상의 가치를 지닌 유니콘 기업으로 분류되었다.

이후 2021년 기업 가치가 950억 달러(약 107조 9,700억 원)로 평가되었다. 이는 종전 페이스북의 뉴욕 증시 상장 전 800억 달러의 가치를 뛰어넘으며, 현재 실리콘 밸리 최상위 몸값을 자랑하는 대표적인 데카콘 기업(비상장 10조 이상의 가치를 지닌 기업)으로 자리 잡았다.

10억 달러의 가치를 지닌 유니콘 기업으로 성장시킨 20대 청년들은 어린 나이에 자수성가로 억만장자 대열에 합류했지만, "짧은 인생에서 낭비할 시간이 없다."라고 말한다.

그들의 삶을 엿보면 10대 때부터 시간을 허투루 쓰지 않고, 천재성을 유감없이 발휘했다. 콜리슨 형제는 실리콘 밸리에서 애플의 스티브 잡스, 페이스북의 마크 저커버그의 뒤를 잇는 천재라 불리고 있다.

넓은 세상을 동경한 천재 형제

콜리슨 형제는 아일랜드 중부 소도시 '리머릭'이라는 인구 100여 명이 거주하는 시골 마을에서 태어났다. 형제의 부모는 동네에서 작은 호텔을 운영했다. 그 영향으로 형제는 돈을 버는 일반적인 수단이 사업이라 생각했다고 한다. 작은 도시에 살던 그들은 넓은 세상을 볼 수 있는 인터넷을 좋아했고, 자연스레 컴퓨터에 관심을 가지기 시작했다.

형제는 어릴 적부터 천재성을 보였는데, 먼저 두각을 나타낸 것은 형 패트릭 콜리슨이다. 그는 8세 때 리머릭 대학에서 컴퓨터 수업을 듣기 시작했고, 10살 때 프로그래밍을 배웠으며, 이후 아이작 뉴턴의 이름을 딴 인공지능 '아이작'을 개발하기도 했다. 그리고 16살이 되던 2005년 컴퓨터 프로그래밍 언어 '크로마'를 만들며 아일랜드 '올해의 젊은 과학자'에 그 이름을 올리며 일찍이 명성을 쌓았다. 화려한 이력을 쌓느라 시간이 부족했던 탓일까? 고교 과정은 홈스쿨링으로 마쳤다. 그러나 13세에 미국 대학 입학 자격시험(SAT)에서의 우수한 성적으로 17세에 매사추세츠 공대(MIT)에 입학하며 그 천재성을 유감없이 발휘했다.

동생 존 콜리슨 또한 아일랜드 대입 시험에서 최고점을 기록, 미국 하버드 대학교에 입학하며 그 천재성을 입증한다. 하지만 MIT, 하버드 대학의 학력조차 그들의 창업 열정 앞에 무의미했다.

10대 백만장자

2007년 콜리슨 형제가 '스트라이프' 창업에 앞서 먼저 창업한 기업이 있다.

아일랜드에서 투자자를 찾지 못하자 형제는 미국 실리콘 밸리로 눈을 돌렸다. 대학도 어차피 미국이었기 때문에 망설일 필요가 없었다.

형 패트릭의 아일랜드 '올해의 젊은 과학자' 타이틀에 주목한 실리콘 밸리의 벤처투자회사 'Y콤비네이터'가 이들을 주목했고, 옥스퍼드대학 출신 2명의 동료와 함께 전자상거래 사이트 '이베이' 판매자를 위한 '옥토매틱'을 창업하게 된다.

콜리슨 형제가 먼저 창업한 '슈파'라는 소프트웨어 회사가 있었는데, '옥토매틱'의 창업으로 자연스럽게 흡수되었다.

창업한 지 약 1년 만에 '옥토매틱'은 그 가치를 높게 평가받으며, 캐나다 회사 '라이브커런트 미디어'에 500만 달러(한화 약 60억)에 매각됐다. 하룻밤 사이에 백만장자가 된 형제의 나이는 여전히 10대였다. 이후 형제는 사업에 전념하기 위해 MIT, 하버드를 각각 중퇴한다. 10대에 이룬 백만장자, 아일랜드 신문에 대서특필 된 큰 성공이지만 형제에게 있어 이는 작은 성공이자, 예열에 불과했다.

"우리의 목표는 인터넷의 GDP를 높이는 것이며, 우리는 여전히 인터넷 경제 초기 단계에 있다."

페이팔은 너무 복잡해

'우리의 목표는 인터넷의 GDP를 높이는 것' 스트라이프 홈페이지에 게

시된 회사의 소개 글이다. 2010년 위 문구와 준비된 프로토타입으로 '페이팔 마피아' 대부 피터 틸을 설득시키며 투자를 이끌어 냈다.

'스트라이프'는 형제가 겪은 생활의 작은 불편함에서 시작되었다. 기존 온라인 결제 서비스는 "가게에 물건을 사러 갔다가 결제하기 위해 은행을 다녀오는 것과 같다."라는 생각에 착안해 불편함을 없애고, 편리한 결제 서비스를 직접 개발하기 위해 창업했다.

기존의 '페이팔'을 사용하기 위해서는 온라인 판매자가 9단계에 걸쳐, 웹에서 결제 서비스를 연동해야 했다. 소요되는 시간도 몇 주가 걸릴 만큼 상당했다. 사용자 또한 결제를 하기 위해 판매 사이트와 페이팔 사이트를 오가는 불편을 감수해야만 했다.

하지만 '스트라이프'는 판매자가 단 7줄의 결제 솔루션 소스 코드만 복사해 홈페이지에 붙여 넣으면 3단계 만에 결제 시스템을 연동할 수 있게 만들었다.

또한 구매자에게는 홈페이지를 오가는 불편을 없애고, 신용카드 정보만 입력하면 해당 홈페이지에서 바로 결제할 수 있도록 했다. 쉽게 말해 10번 클릭해야 결제가 되던 것이 한 번 내지 두 번의 클릭으로 결제가 되게 만든 것이다. 판매자는 물론 소비자들에게도 편리함을 제공한 획기적인 기술로 개발자들에게 찬사를 받았고, 이는 더 많은 투자를 이끌어 냈다.

사실 이전에는 모바일 기기에 익숙지 못한 사람들은 온라인 결제가 어려워 포기하고 물건을 구매를 포기하는 경우가 많았다.(카드번호 입력, 비밀번호 앞자리, 공인 인증서 등등) 하지만 스트라이프의 등장으로 그 횟수가 크게 줄었다.

"더 이상 간단해질 수 없을 만큼 서비스를 업그레이드 하겠다."
– 패트릭 콜리슨

고객이 돈을 벌어야 우리도 번다

'페이팔'의 독주를 막아선 성공 비결은 위에서 살펴본 내용과 같이 간단함이다. 거기에 더해 사용자들을 끌어모으는 요소 또한 획기적이다. 일반적인 미국 카드사의 수수료는 4~5%이지만 스트라이프는 건당 2.9%의 수수료에 30센트만 추가로 받는다.

또한 초기 설치비, 월 사용료 등 감춰진 수수료가 없는 투명성도 이점이다. 그밖에도 HTML, 워드프레스, 모바일 앱과 쉽고 빠르게 연동이 된다는 점과 결제 실패율이 희박하다는 점도 강점으로 꼽힌다. 또한 다양한 프로그래밍 언어 지원으로 호환성이 높다는 점에서도 고객들의 전폭적인 지지를 얻었다. 고객이 돈을 벌 때 스트라이프도 이윤을 창출한다는 것이 패트릭 콜리슨 CEO의 경영 방향성이다. 이와 같은 전략으로 현재 120여 국가에서 130여 개의 통화로 서비스를 제공하고 있다.

주요 고객사로는 애플, 구글, 우버, 마이크로소프트, 아마존 등 굵직한 기업들이 몰려 있기도 하다. 특히 코로나19가 정점에 있던 2020년에는 전자상거래 시장이 급속도로 커지며 초당 5,000여 건의 거래 요청을 처리했다고 밝히기도 했다.

이를 계기로 2021년 기업 가치가 950억 달러를 치솟으며 세간의 주목을 받았다.

콜리슨 형제의 성장통

스트라이프의 성장을 지켜보는 경쟁사 페이팔의 기세도 만만치 않았다. 스트라이프와 비슷한 간단 결제 방식으로 이름을 알린 '브레인트리'를 인수하며 경쟁에 불을 지폈다.

이에 경쟁력 확보를 위해 인공지능과 빅데이터를 이용한 사기행위 방지 시스템 '레이더', 미국 밖에서도 은행 계좌 개설과 법률 문제를 해결해 주는 '아틀라스' 등을 출시하며 비즈니스 솔루션을 확장했다.

별다른 역경 없이 회사를 이끌어온 그들은 현재 인플레이션과 다가오는 경기 침체 우려, 높은 금리로 줄어든 스타트업 자금 지원 속에서 직원을 감원하며 성장통을 겪고 있다.

다양한 핀테크 기업과의 경쟁과 위기 속에서 억만장자 천재 형제들은 어떤 기지를 발휘해 위기를 타개할지 또 위기를 이겨내고 얼마나 더 편리함을 제공할 혁신적인 기술을 개발할지 궁금증을 자아낸다.

20대에 억만장자가 된 그들도 배움을 멈추지 않는다

독일의 철학자 괴테는 **"가장 유능한 사람은 가장 배우기를 힘쓰는 사람이다."**라고 했다. 10대에 백만장자, 20대에 억만장자가 된 그들에게 혹자들은 '조기 은퇴하고 편하게 살면 되겠네. 또는 호화로운 취미생활을 즐기겠지?'라고 생각할지 모른다.

하지만 그들은 **"시간이 무한하다면 TV를 보면서 여가를 즐기겠지만, 그러기엔 시간이 너무 부족하다."**며 주말에는 개인 교사를 고용하여 법과 물리학 등을 공부하고, 독서를 취미 삼아 즐기며 끊임없이 배운다고 한다. 한 분야에서 특출난 재능과 천재성은 분명 콜리슨 형제가 가진 강력한 무기이다. 노력이 재능을 뛰어넘는다는 말은 분명 모순이 있다. 하지만, 엄청난 노력을 하는 것조차 특출난 재능이다. **왜 타고난 천재성과 남과 다른 비범함만이 재능으로 여겨지는 걸까? 형제의 끊임없는 노력이라는 재능이 그들의 비범함에 묻혔다.**

여러 매체에서는 마치 벼락부자가 된 것처럼 이야기하지만 콜리슨 형제는 10대 시절부터 시간을 허투루 쓰지 않았고, 계속해서 성장의 계단을 밟아왔다. 그렇기에 천재성과 꾸준한 노력이 합쳐진 결과물이라 할 수 있다.

SCALE

UP

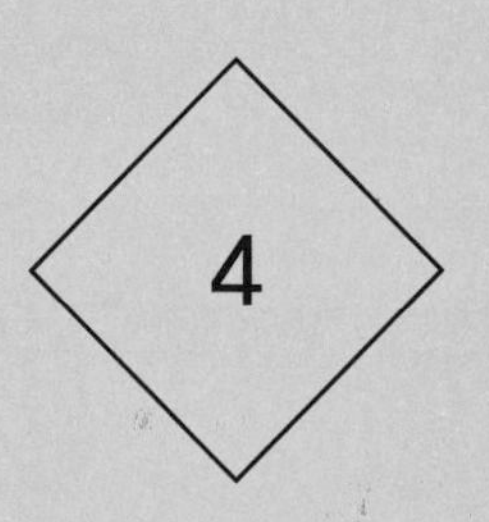

'대한민국 체인저'

일상을
바꾸다

시대 흐름을 놓치지 않는 눈 '카카오',

김범수

나의 대학 시절이었다. 입학 초기만 해도 서로 문자를 주고받거나, 당시 싸이월드로 일촌을 맺고 네이트온으로 친구들과 대화했던 기억이 난다. 그렇게 한 6개월이 지난 시점, 친구들의 네이트온 로그인은 뜸해졌다. 페이스북 등장의 영향이었다.

비슷한 시기 동기생들에게 문자를 보냈는데, 답장이 뜸해졌다. 이유는 스마트폰과 카카오톡의 등장으로 문자를 잘 읽지 않게 된 것이다. 원활한 소통을 위해 2G 휴대폰에서 스마트폰으로 바꾸면서 첫 카톡 "나도 이제 카톡한다!"라고 보냈던 기억이 어렴풋이 난다.

이렇듯 2010년에서 11년으로 넘어가던 당시는 시대의 대변혁기였다. 오늘날 AI, 4차 산업혁명, 챗 GPT가 있다면 당시에는 스마트폰과 스마트폰 포장을 뜯자마자 제일 먼저 다운로드 받는 애플리케이션 카카오톡이 있었다.

카카오톡은 2023년 현재 국민기업이라 불릴 만큼 대한민국을 대표하는 커뮤니케이션의 수단이며, 나아가 은행, 게임, 엔터테인먼트, 모빌리티, 오프라인 마켓, 스크린 골프 등 사회 전반적으로 영향력을 행사하고 있다. 오늘날 카카오의 시대가 도래할 수 있었던 것은 세상에 대한 관심과 시대의 흐름을 놓치지 않는 눈을 가진 모험가 김범수 의장이 있었기에 가능했다.

혈서로 완성된 엘리트 학위

김범수 의장은 대한민국 대표 '흙수저 출신' 자수성가 사업가이다. 고향인 전남 담양을 떠나 서울로 상경한 그의 가족은 할머니를 포함해 여덟 식구가 단칸방에서 생활하였다.

아버지가 정육점 도매사업을 하셨지만 부도가 났고, 가정 형편은 더더욱 어려워졌다고 알려져 있다. 가난한 집안 형편에도 혈서까지 써가며, 공부한 끝에 1986년 서울대학교 산업공학과에 입학했다. 그러나 등록금과 생활비 마련을 위해 과외 아르바이트를 해야만 했다.

그는 어려웠던 대학 시절에 고스톱, 포커, 당구, 바둑 등의 테이블 게임을 하며 자신을 위로했다. 그리고 자신을 위로해주던 테이블 게임은 훗날 '한게임'을 창업하는 데 핵심적 요소가 된다.

어려운 시기를 이겨내고 마침내 1992년 서울대 대학원 석사를 취득하면서 그의 본격적인 모험의 도화선에 불이 붙었다.

세상을 바라보는 넓은 시야

졸업 후 김범수는 삼성SDS에 입사하게 된다. 그 시기, 회사 동료들은 전반적으로 프로그래밍에 능했지만, 그는 프로그래밍이 부족했고 처음부터 배워야 되는 것이 막막하기만 했다. 그때 문득 "6개월 후 회사 내에서 내가 가질 수 있는 경쟁력은 뭘까?" 생각하게 된다.

고심 끝에 내린 결론은 앞으로 윈도우가 자리 잡을 것이고, 윈도우만 파고들면 충분히 경쟁력이 있다고 판단한다. 그의 판단은 틀리지 않았다. 6개월 후 실제로 윈도우의 시대가 왔고, 윈도우만 파고들었던 그는 사내 강사로 활동하게 되며 그 능력을 인정받는다. 세상 변화에 늘 관심을 가진 그의 첫 번째 성공 신호탄이었다.

모험의 시작, 인터넷의 시대

1998년 삼성이라는 대기업에서 순탄한 생활을 하던 그는 퇴사를 결심하게 된다. IMF 시기로 모두가 일자리를 잃는 시대에 스스로 회사를 나온 것이다. 이유는 1990년대 말, 온라인 게임의 시대가 왔고, 그 기회를 놓치지 않기 위해서였다. 그렇게 처음 시작한 사업이 PC방 사업이다. 당시에는 블리자드사의 '스타크래프트'가 선풍적인 인기를 끌며 손님들이 북적였다.

때문에 6개월 만에 5,000만 원을 버는 성공을 거둘 수 있었다. 하지만 그는 여기서 멈추지 않는다. 삼성SDS에서 함께 근무하던 남궁훈 대표(전 카카오 대표이사)와 함께 PC방 고객 관리 전산화 프로그램을 만들어 전국 PC방으로 영업을 다니며 판매했다. 그 결과 또한 성공적이었고 이는 김범수의 든든한 초석이 된다.

PC방 사업과 프로그램을 판매하여 얻게 된 자금과 대학 시절의 자신을 위로해주었던 테이블 게임을 아이템 삼아 온라인으로 개발했다. 바로 추억의 국내 최초 게임 포털인 '한게임'이다. 한게임은 출시 3개월 만에 회원 수 100만 명을 돌파하는 기염을 토했다.

한게임이 급성장을 할 수 있게 된 이유 또한 PC방 고객관리 전산 프로그램 덕분이었다. 전국 PC방들을 상대로 프로그램을 무료로 설치해주는 대신 '한게임' 아이콘을 컴퓨터 바탕화면에 띄워달라고 요청한 이른바 PC방 마케팅 전략이 제대로 통했기 때문이다.

시간이 갈수록 이용자 수는 계속 늘어났고, 그 트래픽을 감당하기 힘들 지경에 이르렀다. 고민 끝에 당시 수익모델이 부족했던 '네이버'와 이해관계가 맞아떨어져 합병하며 김범수 의장은 NHN 공동대표로 올라서게 되었다. 당시 네이버의 이해진 공동대표(네이버 창업자, 현 라인 회장) 또한 삼성SDS에서 함께 근무했던 동료라고 알려져 있다.

합병한 NHN은 당시 1위였던 '다음'을 제치고 포털 사이트 1위를 차지한다. 김범수 의장은 2004년 단독 대표까지 역임하는 등 말 그대로 승승장구했다. 그러나 2007년 대표직에서 돌연 사퇴하고 미국으로 떠난다. 휴식을 위한 결정이기도 했지만 또 한 번 새로운 시대를 본 그의 결정이었다.

"배는 항구에 있을 때 가장 안전하다. 그러나 그것이 배의 존재 이유는 아니다." – 괴테

두 번의 실패와 모바일의 시대

NHN 대표직을 사임한 이유는 2006년 대표로 있으면서 자신이 창업한 아이위랩(iwelab)에 집중하기 위해서였다. 여기서 그는 두 번의 실패를 겪게 된다.

첫 번째 실패는 미국 시장에서 선보였던 '부루나닷컴'이다. 당시 미국에서는 웹2.0이 트렌드로 자리 잡고 있었다.(*웹1.0: 과거 TV, 신문처럼 정보를 일방향으로 전달하는 구조, 웹2.0 : 오늘날의 댓글, 리뷰, 공유와

같이 사용자가 직접 참여하는 구조) 부루나닷컴은 웹2.0의 핵심 요소들을 모아 시장에 야심차게 선보였지만, 끝내 자리 잡지 못하고 실패한다. 혁신적일 것이라 기대했던 김범수 의장의 생각과는 전혀 다른 결과였다.

두 번째 실패는 당시 네이버 '지식인' 서비스를 모티브 삼아 만든 플랫폼 '위지아닷컴'이었다. 분야를 막론하고 사용자 간에 자유롭게 질문을 던지고 답하며, 인기 있는 게시물을 노출해주는 방식이었다. 하지만 이마저 실패로 돌아간다.

최고의 프로그래머들로 구성된 아이위랩의 사기는 급격히 떨어졌다. 그리고 이 두 번의 실패에서 그는 기획의 중요성을 깨달았다고 한다.

연이은 실패로 직원들의 사기가 떨어져 있을 무렵, 애플이 아이폰을 출시한다는 소식이 들려왔다. 엄청난 기회의 문이 열렸다고 생각한 그는 계획하고 있던 모든 프로젝트를 과감히 접고 스마트폰의 시대를 준비했다. 특히 모바일 커뮤니케이션에 집중했다.

당시 첨단 기술력을 이용한 혁신에 집중해 애플리케이션을 개발하고 있던 타 기업들과는 상반되는 행보였다. 그렇게 3개의 서비스를 선보이게 되는데, 바로 아이폰 전용 마이크로블로그 '카카오 수다', 그룹 커뮤니케이션 '카카오 아지트', 모바일 메신저 '카카오톡'이었다.

'카카오톡'은 사실 막연한 기대만 있을 뿐 성공을 장담하지는 못했다.

그 이유는 미국의 '와츠앱', 국내 '엠엔톡'이 먼저 서비스 출시했기 때문이었다. 하지만 결과는 대성공이었다.

미국의 '와츠앱'의 경우는 유료 서비스였고, '엠엔톡'은 서비스가 비교적 안정적이지 못하다는 평가를 받았다. 이에 반해 카카오톡은 무료 서비스로 사람을 모은 후 부분 유료화를 진행하고자 한 김범수의 '서비스 플랫폼' 중심의 사고방식과 '한게임' 시절 트래픽 경험을 발판 삼아 서비스를 안정화시키는 데 집중했기 때문이다.

그리고 아이폰에 이어 2010년 8월 삼성의 갤럭시 스마트폰이 출시되며, 사용자가 폭발적으로 늘어났다. 이를 계기로 사명을 '아이위랩'에서 '카카오'로 변경하며 성장에 박차를 가한다.

"카카오톡 가입자는 2010년 11월 500만 명, 2011년 4월 1,000만 명 그리고 불과 석 달 후인 2011년 7월 2,000만 명을 넘어섰다. 2012년 6월에는 한국 인구와 비슷한 5,000만 명에 이르렀다. 카카오톡이 키운 국내 메시지 앱 시장에 경쟁자도 늘었다." - 〈이코노미 조선〉, 2020.05.05.

상호성의 원칙으로 이겨낸 역경

2014년 네이버에 이어 2위에 올라 있던 포털업체 다음커뮤니케이션과 합병해 덩치를 키우며 모바일 메신저, 모빌리티, 엔터, 포털 다음, 음악,

은행, 스크린 골프, 게임 등 계열사만 무려 187개(2022년 2분기 기준)에 달하는 대기업으로 성장했다.

카카오 덕분에 대중들은 더욱 편리한 삶을 누리게 되었다. 하지만 성공의 이면에는 사회 곳곳의 많은 문제들이 야기되기도 했다. 보이스톡, 카카오톡 메시지를 무료 제공하며, 주 수익원이 문자와 전화였던 이동통신사와의 갈등, 모빌리티 사업으로 택시 업체들과의 갈등, 데이터를 요구하는 정부와의 갈등까지, 하지만 김범수 의장은 이에 정면으로 맞섰다.

카카오의 뒤에는 든든한 이용자들이 있었기 때문이다.

그의 무료 서비스로 편리함을 누리고 있는 이용자들의 옹호와 그런 이용자들을 믿고 버티는 '상호성의 원칙'이 작용한 것이다. 당장 카카오가 없으면 생활에 많은 불편을 가져오는 것은 사실이다. 일례로 2022년 10월 카카오 먹통 사태에 대한민국 전체의 일상이 먹통이 된 것을 보면 카카오가 우리의 삶에 얼마나 큰 부분을 차지하고 있는지 알 수 있다.

2022년 3월 김범수 의장은 의장직 사임을 발표를 한다. 삼성SDS 퇴사, NHN 대표직 사임에 이은 세 번째 횡보이다. 그는 카카오 센터장으로 자리를 옮기며 미래 비전을 계속 제시하되, '비욘드 코리아'라는 과업에 무게 중심을 두고, 해외 시장에 주력한다는 뜻을 밝혔다.

새로운 항해가 시작되었다. 시대 변화의 흐름을 놓치지 않는 김범수는 세계 시장에서 과연 어떻게 경쟁력을 찾고, 새로운 혁신을 가져올까?

사람들이 모인 곳에 소비가 발생한다

김범수의 성공 요인은 크게 두 가지로 간추려 볼 수 있다.

첫째는 세상에 대한 '관심'에서부터 시작되었다. 사실 우리 대부분은 이 시대의 주요 이슈와 빠르게 변화하는 기술의 발전을 스쳐 지나가듯 바라보고 있다. 하지만 그는 관심을 가지고 변화하는 세상을 자세히 보았기 때문에 자신의 사업에 확신을 가지고 일을 추진할 수 있었다.

두 번째는 '어떻게 돈을 벌지?'라는 생각이 아닌 '어떻게 사람을 모으지?'라는 다른 '관점'이다. 당장의 이익보다는 미래를 보는 긴 호흡을 가지고 자신의 서비스를 이용해 줄 사람들부터 먼저 모은 것이다. 그리고 사람들이 모인 곳에서 수익화의 기회를 만들었다.

스타트업에 도전하는 이들이 그의 성공과 그 방식을 바라보며 제2, 제3의 카카오와 같은 거대한 기업이 탄생하길 기대해본다.

대한민국 IT의 대표주자, 'Naver',

이해진

"대한민국의 20세기의 마지막 창업가들"이라는 수식어가 붙는 IT 업계의 거물들은 대부분 86학번이다. 이해진(네이버 GIO, 라인 회장), 김범수(카카오), 故 김정주(넥슨), 이재웅(다음), 송재경(바람의 나라, 리니지 개발자)이 대표적이다.

이들은 모두 당시 떠오르던 PC를 무기 삼아 창업했다. 특히 네이버 하면 카카오를, 카카오 하면 네이버를 빼놓을 수 없이 이야기하게 된다. 협력 관계에서 경쟁 관계로, 경쟁을 넘어 성장의 시너지 효과를 내고 있는 두 기업의 창업자 김범수, 이해진이 있기 때문이다.

우리들의 인터넷 첫 화면, 네이버를 설립한 이해진 회장은 대한민국 IT 업계를 대표하는 인물이다. 네이버는 뉴스, 스포츠 생중계, 웹툰, 메일, 정보 검색, 쇼핑, 가격 비교, 부동산, 광고, 스마트 스토어, 소통(네이버 밴드) 등 아침부터 잠자리에 들 때까지 우리의 일상 가장 가까운 곳에서 함께하고 있다.

전 세계 포털 사이트를 장악하고 있는 구글이 유일하게 정복하지 못한 곳이 바로 네이버가 있는 대한민국이다. (구글 사용을 제한하고 있는 러시아, 중국 제외) 그만큼 엄청난 영향력을 지니고 있다. 뿐만 아니라, 모바일 메신저로 시작한 '라인'이 세계 시장에 무사히 안착하며, 국내 IT 기업의 글로벌화를 최초로 이루어 낸 인물이다.

정보의 바다 항해의 시작, 돛을 올려준 삼성SDS

이해진 회장은 서울대학교 컴퓨터 공학과를 졸업 후, 카이스트 전산학 석사를 거쳐 1992년 삼성SDS에 입사했다. 그리고 그곳에서 네이버를 시작할 수 있었다.

삼성SDS에서 실시한 '한계도전 프로그램' 덕분이었다. 사내 프로그램에 참여한 그는 인터넷 시대가 펼쳐질 것이라 확신하고 검색엔진 개발에 매진했다. 이후 1997년 또 한 번 '사내벤처' 제도로 당시 이해진 과장에게 사내벤처 소사장 자리와 사무실, 엔지니어를 제공하며 날개를 달아주었다. 본격적으로 인터넷 기업을 향한 항해가 시작된 것이다.

그렇게 삼성의 그늘 아래에 하나둘 연구하고 개발하던 1999년, '사내벤처' 멤버들과 이해진은 삼성SDS에서 독립해 '인터넷을 항해하는 사람들'이라는 뜻을 가진 '네이버컴'으로 새롭게 시작하게 된다.

당시 IMF로 인해 국내 시장은 상당히 힘든 시기였다. 하지만 새로운 성장 분야인 IT 산업에 주목한 '한국기술투자'는 네이버컴에 100억 원의 거금을 투자했고, 이를 발판삼아 네이버는 큰 폭으로 성장할 수 있었다. 당시, 네이버컴뿐 아니라, 다른 IT 기업들도 '한국기술투자'로부터 투자를 받은 것으로 알려져 있다.

"검색으로 미래를 삼고, 게임으로 현재를 버틴다."

첫 시작보다 큰 성장을 했지만, 배는 계속 암초에 걸렸다. 이미 야후코리아, 라이코스코리아 등의 해외 대기업, 국내 기업으로는 '다음'과 검색엔진의 새로운 강자로 떠오르는 엠파스가 있었기 때문이다. 당시 업계 5위에 올라 있던 네이버컴은 사용자 트래픽이 저조했고, 수익을 낼 수 있는 모델 또한 부족했다.

하지만 이해진 회장은 대한민국에서 가장 좋은 서비스 품질을 제공하겠다는 일념 하나로 버텨나갔다. 하지만 부족한 사용자 트래픽과 수익모델로 인한 운영비용 고갈은 항상 그의 고민거리였다. 그러던 이해진의 눈에 들어오는 회사가 있었는데, 바로 카카오 김범수 의장이 당시 창립했던 '한게임'이었다.

당시 한게임은 창업 1년 반 만에 회원 수 1,000만 명을 모았지만, 많은 사용자의 트래픽을 감당하기 힘들었다. 반면 네이버는 100억 원의 투자를 받고, 비교적 안정적인 운영 자금과 트래픽을 감당할 수 있는 안정적인 환경을 구축해둔 상태였다.

수익구조와 사용자가 필요했던 네이버컴과 안정적인 운영을 원하던 한게임은 그렇게 2000년 7월 합병하게 된다. 그때 이해진 공동대표는 "검색으로 미래를 삼고, 게임으로 현재를 버틴다"는 전략을 세웠다. 이후 무료 사이트였던 한게임의 '부분 유료화'를 통해 수익구조를 안정화시켰고, 2001년 9월에 사명을 NHN으로 바꾸며 네이버를 검색시장의 강자로 만드는 데 집중한다.

발상의 전환

네이버의 사용자 트래픽을 폭발적으로 증가시킨 두 가지의 효자 서비스가 있다. 당시 한국의 포털사이트는 영어에 비해 한글 데이터베이스가 부족해 검색하는 데 한계가 있었다.

이를 극복하는 동시에 기존 검색시장의 강자들을 따라잡기 위해서는 특별한 요소가 필요했다. 그때 이해진 회장은 직원들과의 회의에서 **"기존에 존재하던 데이터에 머무르지 말고, 개개인의 경험과 노하우를 끄집어 낼 수 있는 방안을 모색하자."**라고 제안했다. 이렇게 만들어진 것이 사용자들이 직접 질문을 올리고, 전문 지식을 가진 다른 사용자가 답변하는 자발적 참여 방식의 '지식IN'이다. 이를 계기로 게임으로 버티던 시기는 지나가고 검색 엔진의 수익이 게임을 앞서기 시작했다.

또 하나는 바로 검색 광고이다. 기존의 TV, 신문 광고들은 그 가격이 너무 비싸 기업체가 아니면 광고를 내기 힘들었다. 하지만 네이버가 내놓은 검색 광고는 고객이 광고주의 사이트를 방문한 경우에만 소액의 광고비를 지출했기 때문에 저렴한 비용으로 타깃팅 광고를 할 수 있는 이점이 있었다.

이는 전국의 자영업자들에게는 동네를 넘어 전국으로 영업할 수 있는 효과적인 광고 수단이 되었고, 고객에게는 폭넓고 편리한 쇼핑 환경을 제공했다.

기존 광고의 패러다임을 바꾼 것이다. 그 외 메일, 네이버 뉴스, 실시간 인기 검색어, 싸이월드와 다음 카페 아성에 도전한 네이버 카페, 블로그 등의 서비스와 인기 스타 전지현을 앞세운 공격적인 마케팅을 한 결과, 2003년 야후코리아와 다음(daum)을 제치고 포털 사이트 1위를 차지하게 된다.

이후 시대의 변화와 사용자들의 편의에 맞춰 지속적으로 기술을 개발했고, 20년이 지난 2023년 현재까지 1위의 자리를 지키고 있다. 과연 구글도 잡지 못한 네이버를 잡을 포털사이트가 나올까?

"인터넷이 어떻게 변할지 아무도 모른다. 강자가 살아남는 게 아니라 환경에 가장 잘 적응하는 자가 살아남는다." – 이해진

모바일 시장의 후발주자, 글로벌 진출의 선두주자

'네이버 공화국'이라는 말이 있을 정도로 PC 시장을 지배하며 승승장구했지만, PC 기반에 너무 몰두한 탓일까? 2008년 스마트폰의 등장과 모바일 시대의 대변혁기를 준비하지 못했다. 실제로 이 시기에 많은 PC 기반의 업체들이 무너지기도 했다.

네이버가 미쳐 놓치고 있던 모바일 시장에 2007년 NHN을 떠난, 김범수가 2010년 카카오톡을 출시하며 국민 메신저로 떠올랐다. 뒤늦게 '네이버톡'을 출시했지만 이미 국내 시장에 견고하게 입지를 다진 카카오와 경쟁하기는 쉽지 않았다.

하지만 이해진 회장에게는 일찍이 다져놓은 글로벌 진출이라는 꿈과 무기가 있었다. 2001년 네이버재팬을 오픈하고, 2005년 사이트를 폐쇄하는 등의 실패를 미리 맛보기도 했다.

그러던 2006년 네이버는 '첫눈'이라는 회사를 인수하게 되는데 그곳에는 신중호(현 LINE 공동대표)를 포함한 많은 인재들이 대거 포진해 있었다. 이 회장은 '첫눈' 개발자들과 일본 시장 공략에 박차를 가했다. 2007년 네이버재팬을 재오픈했지만, 몇 년간 이렇다 할 성과를 얻지 못했다. 그렇게 수년의 역경을 이겨내고 2011년 6월 일본에 출시된 것이 '라인'이

다.

라인은 출시 1년 반 만에 가입자 1억 명을 확보하며, 일본 모바일 메신저 시장을 장악했다. 성공적인 결과였다. 이를 바탕으로 태국, 대만, 인도네시아 등 동남아 시장에 진출했으며, 현재는 19개 언어로 230개의 나라에서 사용하는 글로벌 메신저로 자리 잡았다.

이후에도 라인 페이, 라인 택시, 라이브 방송과 같은 서비스를 지속적으로 출시하며, 플랫폼을 키워나간 라인은 2016년 7월 미국, 일본의 증권거래소에 상장하는 쾌거를 이루었다. 그리고 이는 이해진 회장이 PC에 이어 모바일에서도 혁신을 이어나가고 있다는 것을 상징적으로 보여주는 동시에, 국내 IT 기업으로서는 최초의 사례로 기록되었다.

이제 모바일 시대에 이어 4차 산업혁명의 시기가 도래했다. 현재 그는 글로벌 시장에서 인공지능(AI) 벨트 구축에 공을 들이고 있다. 과연 PC, 모바일에 이은 세 번째 시대에서 어떤 혁신적인 모습을 보여줄지 기대된다.

여담으로 2014년 일본인 친구와 대화 중에 모바일 메신저 카카오톡과 라인을 놓고 논쟁을 벌였던 기억이 난다. 나는 대한민국에서 만든 카카오가 더 우수하다 했고, 일본인 친구는 일본에서 만든 라인을 옹호하며 언쟁을 벌였다. 하지만 라인이 네이버에서 탄생한 것을 알게 된 순간 왠지 모를 기쁨이 차오르기도 했지만, 양국 바보들의 대화를 누군가 듣지 않아서 다행이라는 생각이 동시에 들기도 했다.

이해진의 사람들

이해진 회장은 열정을 가지고 일에 몰입하는 인재들을 모으고 그들에게 투자하는 것에 집중했다. 그렇기 때문에 이해진 회장의 회사 지분은 생각 외로 많지 않다.

그들의 성과만큼 지분을 나누었다. 그것이 회사의 성장과 수익을 가져다 줄 것이라 그는 믿었기 때문이다. 초기 포털사이트 엠파스의 검색엔진 핵심 개발자 이준호(현 NHN회장)를 영입하며 네이버가 급격히 성장할 수 있었고, 한게임의 창업자였던 김범수와 손을 잡으며 위기를 타개할 수 있었다.

또한 '첫눈'을 인수하며 신중호(현 라인 대표), 장병규(현 크래프톤 의장. 배틀그라운드 개발자), 세이클럽을 만든 남세동(현 보이저엑스 대표), 싸이월드 미니홈피를 기획한 이람(현 TBT 대표) 등 최고의 인재들과 함께 '라인'을 만들고 글로벌 진출을 이루어냈다.

현재는 소프트뱅크의 손정의 회장과 AI동맹을 맺으며 미래를 계획하고 있다. **지금의 '네이버'와 '라인'은 결코 이해진 회장 혼자서 쌓아 올린 블록들이 아니다. 위태로운 블록들을 지지하며 함께 쌓은 유능한 사람들이 있었다.**

문제가 발생한다면 혼자 전전긍긍할 것이 아니라 주변에 도움을 청할 용기와 협력을 제안할 정도의 능력을 스스로 만들어야 한다. 세상에는 자신만의 강점을 가진 사람들이 넘쳐난다. 하지만 약점 없이 완벽한 사람은 없다. **나의 것을 나눠주고, 필요한 것을 얻을 때 우리의 성장은 빨라진다.** '페이팔 마피아'가 그랬고 이해진 회장도 그랬다. 그전에 스스로에게 먼저 질문해보자. **나는 무엇을 나눠줄 수 있는 사람인가?**

‘한국의 아마존’을 꿈꾸는 남자, ‘쿠팡’,

김범석

대한민국 사람이라면 스마트폰 대부분에 설치되어 있는 앱 그리고 한 번쯤은 이용해 봤을 법한 기업이 있다. 바로 2021년 3월 뉴욕증시(NYSE)에 상장된 소셜커머스의 대표기업 한국의 아마존이라 불리는 ‘쿠팡’이다.

쿠팡에서 물건을 구매한 활성 고객은 2022년 기준 1,811만 명이다. 이는 우리나라 인구의 약 35%가 물건을 구매한 셈이다. “쿠팡을 한 번도 이용하지 않은 사람은 있어도 한 번만 이용한 사람은 없다.”라는 말이 있을 정도이다.

소셜커머스 기업의 장점은 필요한 물건들을 한눈에 다 볼 수 있으며, 발품 팔지 않고 저렴하게 구입할 수 있다는 점이다. 하지만 보통 최소 2~3일 정도 소요되는 배송으로 인해 소비자들은 필연적 불편을 겪어야만 했다. 그러나 쿠팡의 등장으로 인해 필연적이었던 불편마저 해소되었다.

제품을 24시간 이내에 받아 볼 수 있는 전대미문의 '로켓배송'이라는 시스템 때문이다. 이는 기업의 분명한 혁신이지만 반대로 리스크가 너무나도 큰 양날의 검이기도 했다. 뿐만 아니라 배달 시장의 '쿠팡이츠', 제2의 넷플릭스를 꿈꾸는 OTT 서비스 '쿠팡플레이', '쿠팡페이', 해외사업까지 늘 예상을 빗나가는 파격적이고, 리스크가 큰 사업 확장을 이어나가고 있다. 그리고 이 모든 것은 쿠팡의 창업자 김범석 의장의 어떠한 외풍에도 흔들리지 않는 뚝심이 있기에 가능했다.

스스로 조성한 주변 환경과 타고난 사업가 기질

김범석 의장은 현대건설의 주재원이었던 아버지의 영향으로 유년 시절 대부분을 미국에서 보냈다. 엘리트 교육을 받으며, 미국 10대 명문사립고인 디어필드 아카데미를 졸업하고 하버드 대학교 정치학과에 입학했다. 혹자들은 주변 환경이 정말 중요하다는 이야기를 많이 한다.

그와 잘 맞아떨어지는 이야기이다. 하지만 단순 엘리트 교육을 받고 하버드 대학에 입학했기 때문이라고 말하기는 어렵다. 그 이유는 입학 후 그는 스타트업에 관심이 있는 동문들과 친분을 쌓으며 사업가 마인드를 키워가는 환경을 스스로 만들었다.

그 영향으로 재학 중 대학생들을 타깃으로 한 시사잡지 〈커런트〉를 1998년 창간해 2001년에 〈뉴스위크〉에 매각했고, 졸업 후에는 맥킨지, 베인앤컴퍼니와 함께 3대 컨설팅회사라 불리는 보스턴컨설팅그룹(BCG)에서 2년간 근무하며 각종 경영 이론과 사례를 익혔다.

BCG 퇴사 후 2004년 명문대생들을 타깃으로 한 월간지 '빈티지미디어 컴퍼니'를 설립해 키운 뒤 2009년에 '아틀란틱 미디어'에 매각하며 일찍이 타고난 사업가 기질을 보였다.

한국의 아마존의 탄생

명문대 출신, 두 번의 성공적인 사업 경험과 대형 컨설팅 회사 근무 경험을 뒷배경 삼아 한국으로 돌아온 김범석이 하버드 MBA 동문인 고재우 부사장 등 7명과 함께 2010년 창립한 기업이 지금의 '쿠팡'이다.

초기 비즈니스 모델은 최고의 소셜커머스 기업 '그루폰'과 '아마존'이었다. 당시에는 '그루폰'으로 인해 소셜커머스 기업이 쏟아져 나왔다. 쿠팡도 그런 기업 중 하나에 불과했다. 여타 소셜커머스 기업(티몬, 위메프, G9 등)과 다를 게 없었다. 김범석에게는 사업의 터닝 포인트가 필요했고, 마침내 2014년 그는 사활을 건 승부수를 던졌다.

소셜커머스 기업은 단순히 고객의 상품을 위탁판매 한다는 틀을 깨고, 상품을 직접 매입해 더 합리적인 가격에 전달했다. 거기에 더해 고객 만족을 위해 콜센터를 늘리고, 배송까지 자체 시스템과 인력으로 빠르게 고객에게 전달하는 로켓배송을 선보였다. 각 지역에 물류센터를 세우는 이른바 '쿠세권'을 구축하는 것이었다. 하지만 계획을 실행하는 데에는 천문학적인 비용과 리스크가 따랐기에 모두가 반대했다.

그럼에도 그가 이런 승부수를 던질 수 있었던 것은 그의 〈밀컨 글로벌 컨퍼런스〉에서의 인터뷰를 통해 엿볼 수 있다.

"솔루션이라 해서 무조건 특별해야 되는 것이 아니다. (중략) 솔루션이란 인간의 보편적인 니즈를 해결하는 것이다." 쿠팡의 목표는 타 기업의 문제점으로 지적된 원활하지 못한 콜센터 운영, 느린 배송 등 보편적 니즈를 해결하는 것이었다. 이러한 마음가짐으로 회사의 비전을 내세워 투자자들을 설득시키며 미국 세콰이어캐피털로부터 1억 달러, 블랙록으로부터 3억 달러의 투자금을 유치하며 레버리지를 활용했다.

모두가 반대했던 로켓배송은 고객들의 전폭적인 지지로 센세이션을 일으켰다. 이는 '쿠팡' 성장의 일등 공신이 되는 동시에 그의 계획이 옳았다는 것을 증명해냈다.

계속되는 위기와 적자? NO. 계획된 적자

쿠팡의 매출은 매년 큰 폭으로 오르며, 2021년에 약 22조의 매출을 올렸다. 국내 e커머스 TOP3로 불리는 네이버 커머스와 SSG닷컴의 같은

해 매출이 약 1조 5,000억 원 수준인 데 비하면 얼마나 압도적인 매출을 기록하고 있는지 쉽게 알 수 있다.

매년 조 단위의 매출을 올리고 있는 쿠팡이지만, 적자에서 벗어나지 못하고 있는 기업이다. 로켓배송 시작 이후 자체 물류망 구축을 위해 약 6조 원을 투자했기 때문이다.

하지만 투자자들의 선호도는 높았다. 대표적으로 쿠팡의 자금 부족으로 인한 위기가 올 때마다 김범석 의장의 혁신적인 마인드에 깊은 인상을 받은 손정의 회장이('소프트뱅크 비전펀드') 통큰 투자를 결정했다. 그 규모는 2015년에 10억 달러, 2018년에 20억 달러로 한화 기준 약 3조 3,000억 원의 거액이었다.

이를 이용해 쿠팡의 몸집은 더 커져갔다. 거기에 더해 김 의장은 뉴욕증권거래소에 상장하며 더 많은 투자금을 확보할 것이라 공언한다. 당시 국내에서는 "적자만 내고 있는 기업의 상장이 가능할까?"라는 의문과 비아냥이 지배적이었다.

하지만 국내에서의 예상과는 달리 미국에서는 쿠팡의 미래가치를 높게 평가하며 2021년 3월 11일 뉴욕증시에 무사히 안착했다. 상장 첫날 2010년 자본금 30억으로 시작한 쿠팡이 시가 총액 100조 원을 넘기며 국내 기업 중 삼성전자에 이어 2위의 자리에 오르는 놀라운 성과를 이뤄냈다. 의문과 비아냥이 한순간에 잠식되는 순간이었다.

당시 인터뷰에서 뉴욕증시 상장으로 확보한 5조 원의 투자금으로 국내 물류 인프라와 지역경제는 물론이며, 고객을 위한 혁신으로 글로벌 경쟁력을 높이기 위해 더 공격적인 투자를 하겠다고 밝히기도 했다.

그렇다면 그가 매년 적자를 보면서도 공격적으로 인프라에 투자하며 몸집을 키우는 이유는 과연 무엇일까?

김범석 의장은 위기 때마다 계획된 적자라고 지속적으로 이야기한 바 있다. 그 이유는 기업의 레버리지 활용을 위해서라고 유추해 볼 수 있다.

쉽게 말해, 급변하는 시대에 발맞춰 남의 돈으로 더 빠르고, 더 많은 돈을 벌고자 하는 '레버리지'를 적절히 이용한 것이다. 지금의 쿠팡이 있기까지 외부에서 받은 투자는 성장의 필연적 요소였다고 할 수 있다.

투자를 받기 위해서는 회사의 밝은 비전이 필수이다. 그래서 쿠팡은 막대한 적자를 감수하면서도 공격적으로 물류 인프라를 구축했다. 또한 기존 소셜커머스와는 차별화되는 많은 아이템들에 투자하고 시장에 내놓는 등의 공격적인 사업 확장과 그에 따른 매출 상승으로 회사의 비전을 쌓아갔다.

이렇듯 쿠팡이 내부 인프라에 투자할수록 매년 기하급수적으로 올라가는 매출이 투자자의 입장에서는 지속적인 성장 가능성으로 비춰진 것이다. 손정의 회장의 투자를 받은 것도, 뉴욕증시에 보란 듯이 상장을 했던 가장 큰 이유가 바로 여기에 있다.

빛을 보는 거대한 공룡기업 쿠팡

공격적 투자로 적자만을 이어오던 쿠팡이 2022년 3분기(영업이익 9,100만 달러), 4분기(영업이익 8,340만 달러) 연속으로 흑자전환에 성공하며 마침내 투자의 결실을 맺고 있다.

물론 쿠팡의 거대한 덩치에 비해 큰 금액이 아니다. 하지만 앞으로의 기대가 크다는 것은 분명한 사실이다. 이미 30개 도시에 100여 개의 자체 물류센터를 보유했고, 쿠팡 유료회원은 1,100만(2023년 3월 기준)을 달성했다. 이는 우리나라 인구의 약 30%에 해당한다. 2022년 6월부터 유료회원 회비를 2,900원에서 4,990원으로 인상했음에도 불구하고, 전년과 대비해 회원 수가 200만 명이 늘었다. 그만큼 고객들의 충성도가 높아졌다는 이야기이기도 하다.

과거 **〈글로벌 포럼〉의 인터뷰에서 '쿠팡은 어떤 가치를 추구하는 기업인가?'라는 질문에 김의장은 "쿠팡의 미션은 고객들이 쿠팡 없이 어떻게 살았을까?"라고 말하는 세상을 만드는 것이라 답했다.** 그리고 현재 많은 이들이 쿠팡의 편리한 서비스에 매료되었고, 무엇보다 익숙해지고 있는 만큼 〈글로벌 포럼〉에서 그가 뱉은 말이 점차 현실로 다가오고 있다.

사실 김범석 의장의 발상은 그리 대단한 발상은 아니었다. 하지만 발명왕 에디슨은 "필요는 발명의 어머니"라 했다. **하늘 아래 새로운 것은 없고, 모든 것은 재창조이다.** 기존의 소셜커머스 기업들의 문제점들을 파악해 고객들의 불편을 해소시키겠다는 그의 작은 날갯짓이 거대한 태풍이 된 것이다. 그 태풍이 앞으로 얼마나 더 거대해질지 그 귀추가 주목된다.

한국 외식산업의 판을 흔들다, 경영하는 디자이너,

김봉진

대한민국은 배달앱이 등장하기 전부터 배달 문화가 존재했으며 친숙했다. IMF 이후 취업이 어려워지자 많은 사람들이 자영업으로 뛰어들었고, 경쟁의 우위를 점하기 위해 배달이 시작되었다. 외국인들은 그런 한국의 배달 문화를 보고 놀라움을 금치 못했다.

하지만 '배달의 민족'의 등장으로 익숙한 배달 문화에 한 번 더 불이 붙었다. 배달의 민족은(이하 배민)은 "우리가 어떤 민족입니까?", "넌 먹을 때가 가장 예뻐.", "짜장면 식히신 분 혼나야지." 등의 많은 유행어를 남기며 배달 플랫폼 시장 점유율 약 56%를 차지하며 부동의 1위를 차지하고 있는 기업이다.

타 플랫폼과의 차별성을 둔 특유의 B급 감성은 소소한 웃음을 선사하고, 좀 더 친숙하게 고객들을 사로잡았다. 국내 6번째 유니콘 기업으로 자리매김한 배민의 모기업 '우아한형제들'은 40억 달러(약 4조 7500억)의 가치를 인정받고, 2019년 독일 '딜러버리히어로'에 매각되며 대한민국 스타트업 기업으로서 큰 성공을 거두었다.

이 모든 것에는 '배민다움'을 만들어내기 위한 디자이너 출신 창업자 김봉진의 고민과 노력이 그대로 묻어나 있다. 거기에 더해 성공한 기업가로서 자산 10억 달러(약 1조 1000억 원) 이상 가입 가능한 기부 클럽인 '더 기빙 플레지(The Giving pledge)'에 가입하며 사회적 모범도 보여주는 등 한국 스타트업의 신화로 불리고 있다.

화가를 꿈꾸던 섬 소년

김봉진은 1976년 전남 완도의 작은 섬에서 4남매 중 막내로 태어났다. 유년기는 부모님이 운영하는 식당 방에서 잠을 청할 정도로 유복하지 못했다. 공부에도 그다지 관심이 없었다. 빈센트 반 고흐를 동경한 어린 김봉진은 화가를 꿈꾸며 예술고교에 진학하고 싶었지만, 넉넉하지 못한 가정형편으로 수도전기공업고등학교에 진학했다.

그는 여전히 예술을 꿈꿨다. 전기과였던 그는 '납땜'하는 시간이 많았는데 회로의 작동 여부보다 점프선을 예쁘게 빼는 데 집중할 정도로 기술에도 좀처럼 흥미가 없었다. 이를 보다 못한 부모님은 고등학교 3학년이 되던 무렵 미술학원에서 원하는 것을 할 수 있도록 도움을 줬다고 한다. 그때 디자인이라는 것을 처음 알게 된 그는 디자이너로서 삶을 계획하게 되었다.

공부와 기술에 관심이 없었던 그의 성적은 뒤에서 3등 정도의 수준이었고, 예술 분야의 전공을 하지 않은 그를 받아 줄 대학은 많지 않았다. 하지만 실기 실력만은 자신 있었던 김봉진은 결국 서울예술대학 실내디자인 학과에 합격했고, 드디어 자신이 하고 싶은 공부를 할 수 있게 되었다. 그는 당시를 회상하며 장학금도 받으며 재밌게 대학 생활을 즐겼다고 전했다. 그렇게 1997년 대학을 졸업하고, 디자이너로서 사회에 첫 발을 내딛게 된다.

디자이너 그리고 실패

2002년 디자인그룹 '이모션'에서 웹디자이너로 활동한 그는 1년 후 게임 회사 '네오위즈'로 이직했다. 이곳에서 김봉진 의장은 훗날 첫 투자가가 될 귀인을 만나는데, 바로 네오위즈의 창업자이자, 현 '크래프톤' 장병규 의장이다. 김봉진을 믿고 투자한 장 의장(본엔젤스벤처파트너스)은 결론적으로 막대한 수익을 올렸다.

그렇게 경력을 쌓아가고 있던 2005년 꼭 하고 싶었던 수제가구 디자인 사업을 위해 네오위즈를 퇴사했다. 그가 디자인한 수제가구는 높은 완성도로 작품성을 인정받았지만, 비교적 비싼 가격으로 인한 경쟁력 확보에 실패하며 부도를 맞게 되었다. 남은 것은 2억 원의 빚과 적막한 어둠 그리고 **비즈니스에 필요한 것은 작품이 아닌 상품**이라는 깨달음이었다.

호기롭게 시작한 첫 사업이 실패로 돌아갔지만, 사업가의 꿈은 커져만 갔다. 위기 속에 당장 할 수 있는 것에 집중해야 했다. 막대한 빚 청산을 위해 당시 연봉이 높기로 유명했던 NHN(네이버)에 취업하며 낮에는 회사에서 일하고, 밤에는 웹디자인 아르바이트를 하며 빚을 갚아 나갔다.

자신을 돌아보고 환경을 바꾸다

NHN에서 10년차 디자이너로 일할 당시 그는 또 하나의 깨달음을 얻었다. 신입 디자이너들과 자신을 비교했을 때, 자신은 능숙함은 있었지만 같은 자리에 머물러 있었고, 그들은 정보에 밝고 감각이 뛰어났다. 자신을 되돌아보며 발전과 환경 변화의 필요성을 느낀 그는 디자인을 더 배우기 위해 국민대 시각 디자인 대학원에 입학했다.

그는 그곳에서 새로운 생각과 시각으로 배우고 사람들을 알아가는 데 집중했다.

때마침 찾아온 스마트폰의 대변혁기를 맞아 그는 IT를 이용한 사업을 구상하게 된다. 그러던 중 우연히 처갓집 냉장고에 음식점 전단지가 지저분하게 붙어 있는 것을 보게 되었는데, 누군가는 그냥 지나쳤을 그 찰나의 순간이 훗날 40억 달러(약 4조 7,500억 원)의 가치를 만들어 냈다.

지저분한 전단지를 없앨 수 있는 배달앱 아이디어가 떠올랐고, 바로 실행으로 옮겼다. 디자이너였던 그가 앱을 만들기 위해서는 기술 개발자가 꼭 필요했다. 그래서 평소 친분이 있던 지인들과 당시 IT 기술 개발자로 일하고 있던 그의 셋째 형인 김광수가 CTO(최고기술책임자)로 합류하게 되며 5명으로 구성된 팀을 꾸렸다. 창업 자금이 부족했던 그들은 카페에서 만나 프로젝트를 진행했다고 한다.

"세상은 원래 불공평하다. 하지만 누구에게나 창업할 수 있는 기회는 공평하다." – 김봉진 〈세바시〉 강연 中

전 세계에서 전단지를 가장 잘 줍는 사람

2010년 6월 마침내 '정보기술을 활용하여 배달산업을 발전시키자.'라는 슬로건을 내걸은 배민앱이 세상에 나오게 되었다. (2010년 11월 '우아한 형제들' 창립) 당시에는 다양한 경쟁 배달앱들이 나오던 시기이기도 했다. 그중 배민은 시작과 동시에 1위 자리매김하며 배달앱 시장을 장악해갔다. 그 비법은 아주 작고 사소한 것으로부터 시작되었다.

타 경쟁 업체와의 차별성을 두기 위해 길거리에 있는 전단지를 줍고,

아파트 쓰레기통, 재활용 그물망까지 뒤졌다고 한다. **〈세바시〉 강연에서 김 의장은 "저는 누구보다도 전단지를 잘 주울 자신이 있습니다."** 이야기할 정도로 사소함이 큰 차이를 만든다고 생각했다.

발품을 팔아 데이터베이스를 획득한 덕분에 음식점 정보가 가장 많다는 입소문이 났고, 뒤이어 2011년 본엔젤스벤처파트너스로부터 첫 투자까지 유치하며 성장에 박차를 가했다.

하지만 어떤 앱으로 음식을 주문해 먹든 맛은 바꿀 수 없었기 때문에 또 다른 차별성이 필요했다. '브랜딩 전략' 즉, 배민다움에 대해 고민하던 중 그의 머릿속에 한 가지 생각이 스치게 된다. "보통 가족 중 배달앱을 이용해 주문하는 사람은 막내이고, 그들은 대부분 20대, 30대이다."

배민다움 그리고 B급 감성

그가 선택한 전략은 20, 30대를 겨냥한 'B급 감성'이었다. 전용 글씨체 '한나체'를 개발하며 강렬한 유행어를 많이 탄생시켰고, 소비자들의 참여를 유도하는 다양한 행사도 개최했다.

기발한 광고 문구 제작에 '배민 신춘문예', '배민 치믈리에 자격시험', '배민 떡볶이 마스터즈' 등이 대표적이다. 하지만 '배민다움'을 완벽히 완성시킨 것은 광고였다.

당시 영화 〈7번방의 선물〉로 최고의 인기를 누리고 있던 영화배우 유승룡을 광고 모델로 발탁하며 고구려 벽화 〈수렵도〉, 마네의 〈풀밭 위의 점심 식사〉, 밀레의 〈만종〉, 에베츠의 〈마천루 위에서의 점심식사〉 등의 동서양을 막론한 명화를 재밌게 패러디하며 흥미를 유발했다. 해당 광고들에서는 "우리가 어떤 민족입니까?"라는 화두를 던지고 '배달의 민족'이라 답한다.

'배달민족'이란 실제로 우리 역사상 최초의 나라이자, 우리 민족을 지칭하는 용어이다. 여기에 '배달의 민족'을 자연스레 연결시키며 웃음을 자아냈고, 대중들에게 브랜드 이름을 확실히 알리게 되었다. 이후에도 이목을 끄는 재밌는 광고와 주아체, 도현체, 을지로체, 오래오래체 등의 폰트를 지속적으로 개발하고, 배민다움을 굳혀가며 국민 필수 배달앱으로 등극했다.

스타트업 성공 신화를 쓰다

2010년 본엔젤스벤처파트너스를 시작으로 2012년 실리콘 밸리의 알토스 벤처스, IMM인베스트먼스, 골드만 삭스 외 다수의 투자사들로부터 투자를 받으며, 도전과 성장을 이어온 '배달의 민족'이지만 계속 성공의 가도만을 달려온 것은 아니다.

2014년 일본에서 '라인'과 합작한 프리미엄 도시락 배달서비스 '라인 와우', 대학교 구내식당 메뉴를 알려주는 '캠퍼스 밥' 등의 뼈아픈 실패를 겪기도 했다. 그럼에도 계속되는 도전은 지속적인 사업 영역의 확장으로 나타났다.

소비자중심 경영을 핵심 철학으로 소상공인 대상으로 한 '무료 위생 프로그램', 배민앱을 적절히 활용하지 못하는 업주들을 위한 '배민아카데미', 거짓으로 작성된 리뷰를 걸러내는 인공지능 개발, 자율 주행 배달 로봇을 개발하는 등 푸드테크 기업으로서의 혁신을 이어나간 배달의 민족은 국내 여섯 번째 유니콘 기업에 등극하게 되었고, 2019년 독일 '딜리버리히어로'에 40억 달러(약 4조 7,500억)에 매각되며 스타트업 성공 신화를 이뤄냈다.

하지만 2015년 폐지한 수수료의 부활과 독과점 문제는 아직 논란거리가 되고 있다. 항상 모든 성공의 이면에는 부정적 시선이 존재하지만 대한민국 스타트업에 지대한 공을 세운 것과 사람들의 일상을 변화시킨 데에는 누구도 반박할 수 없다.

사소함의 크기

그는 성공의 요건을 두루 갖춘 인물이다. 계획을 빠르게 실행으로 옮기며 궂은일도 마다하지 않는 추진력을 보여주었다. "저는 누구보다도 전단지를 잘 주울 자신이 있습니다."라는 그의 말은 흡사 "평생 변기 닦는 일을 하더라도 세상에서 변기를 가장 깨끗하게 닦는 사람이 되겠다."

라고 다짐했던 호텔 업계의 거물, 힐튼호텔의 창업자 콘레드 힐튼을 떠올리게 한다.

이들을 보면 우리에게 여겨지는 사소함은 바라보는 시각에 따라 큰 차이를 보인다는 것을 명확히 보여준다.

이나모리 가즈오의 저서『왜 일하는가』를 읽고 깨달음을 얻어 장착한 꾸준함과 시대에 발맞춰 혁신하려는 도전정신 그리고 디자이너의 감각까지 지니고 있다.

하지만 가장 돋보이는 것은 단연 자신을 되돌아보고 변화를 도모한다는 점이다. 이것은 그만의 특출 난 능력이다. 보통 한 업종에 오래 근무하다 보면 익숙해진 업무에 머무르고 배움을 등한시하기 마련이다. 하지만 그는 현실에 안주하지 않고 후배들에게서 배울 점을 찾고, 더 큰 배움을 얻기 위해 대학원에 갔다.

또한 두 권의 책을 출간할 만큼 다독가로 알려져 있다. 그야말로 배움에 진심이다.

이렇듯 사소한 생각 하나, 사소한 행동 하나, 사소한 습관들을 재료로 삼아 스스로를 디자인한 김봉진은 창업을 꿈꾸는 많은 이들에게 귀감이 되고 있다.

많은 예비 창업자들의 '어떻게 유능하고 좋은 사람들과 팀을 꾸릴 수 있나?'라는 질문에 대한 그의 답변으로 마무리한다.

"최고가 되면 최고와 일할 수 있는 기회가 생긴다. 사업을 하다 보면 만나는 사람이 달라진다. 각자 다른 스토리를 가지고 성공 스토리를 그려간다. 스토리가 같은 사람은 없다." – 김봉진 〈세바시〉 강연 中

따뜻한 중고거래의 시대를 만들다. '당근마켓',

김용현, 김재현

혹시… 당근이세요…? 약간의 어색함이 감도는 오늘날의 중고물품 거래 현장이다. 서 있는 모습만 봐도 누가 판매자인지 구매자인지 알 수 있고, 제3자가 보더라도 당근 거래하고 있다는 것을 한눈에 알아볼 수 있어서 가끔 신기하기도 하다.

"당신 근처의 마켓"이라는 뜻의 당근마켓은 2021년 기업가치 3조 원을 인정받아 창업 6년 만에 대한민국의 16번째 유니콘 기업 탄생을 알렸으며, 월간 활성화 이용자 수(MAU)가 지속적으로 올라 1,800만 명(2022년 3월 기준)을 돌파했다. 이렇듯 완벽하게 우리 곁에 녹아든 당근마켓은 온라인 대형 쇼핑 앱들을 제치고 한국인이 가장 자주 찾고, 가장 오래 체류하는 온라인 쇼핑 앱 1위에 올라서며, 그 가치를 유감없이 뽐내고 있다.

지역민들 간의 단순 중고 거래로 시작했지만, 동네 생활 커뮤니티, 당근 페이, 지역 일자리, 중고차 직거래, 부동산 등 여러 형태로 서비스를 확장해 나가며, 지역 기반 이커머스 플랫폼으로 자리 잡았다.

'당근마켓'의 등장으로 우리는 "중고거래 하러 간다!"를 "당근거래 하러 간다"로 자연스레 말하고 있다. 사람들의 입에서 자연스레 나온다는 말은, 그 자체로 이미 생활화가 되고 큰 영향력을 가졌다는 방증이다. 고속 성장한 정보화, 글로벌화의 영향으로 동네라는 커뮤니티가 흐려졌지만 김용현, 김재현(현 당근마켓CSO) 두 공동 대표가 시대를 역행해 다시 따뜻한 동네 커뮤니티를 활성화시켰다.

두 대표의 운명적 만남

김용현 대표는 서울대학교 경제학과를 졸업했다. 2003년 삼성물산(금융팀, 해외영업팀)을 시작으로 네이버(서비스전략팀, 지식인 서비스팀), 카카오(카카오플러스친구 TF장, 카카오플레이스 TF장, 게임 플랫폼 팀장) 등 한국의 대표적인 기업들을 두루 거치며 경험을 쌓았다.

그는 삼성물산에 근무하며 설득과 협상의 방법을, 네이버에서 대형 서비스 운영 노하우를, 카카오에서는 기업의 고속 성장 경험과 무에서 유를 창조하는 방법을 배웠다고 한다.

김재현 대표는 숭실대학교 컴퓨터 학과 석사 학위를 마쳤다. 그 또한 네이버에 근무하다가 사직서를 제출하고, 2010년 IT업체 '씽크리얼즈'를 창업했다. 이후 카카오가 '씽크리얼즈'의 가치를 알아보고 60억 원에 인수하게 되며, 김재현은 자연스레 카카오의 일원이 되었다. 그렇게 둘은 직장 동료가 되었다.

한번 해볼까? 판교장터

두 대표가 당시 재직하고 있던 카카오에서는 사내 중고거래 게시판이 활발히 운영되었다. 직원들은 하루에도 몇 번씩 중고거래 게시판에 들락거렸다. 모바일 앱의 경우 사용자의 방문과 체류시간이 매우 중요한데 직거래 중고 거래 게시판에서 두 대표는 충분한 가능성을 보았다.

그렇게 2015년 가벼운 마음으로 단 2주 만에 제작한 앱이 '당근마켓'의 전신인 중고 직거래를 제공하는 서비스 '판교장터'이다.

초창기의 '판교장터'는 판교 테크노밸리 직장인들을 대상으로만 운영되었고, 판교 테크노밸리에 위치한 회사 이메일 인증을 통한 확인을 거쳐야만 사용할 수 있었다. 이런 인증절차가 상호 간에 신뢰를 형성하면서 생각보다 큰 인기를 끌게 된 '판교장터'는 판교 주민들로부터 앱을 사용하게 해달라는 요청을 많이 받게 된다. 특히 판교 육아맘들의 요청이 많았다.

육아용품의 경우 사용기간은 짧지만 가격이 비싸다. 또한 중고 물건이라 할지라도 아이가 쓰는 것이기 때문에 눈으로 직접 확인하고, 깨끗한 물건을 구매하길 원했다. 기존의 육아용품 중고 거래는 지역 맘카페에서만 가능했는데, 맘카페의 까다로운 가입 절차와 등급을 올려야만 거래를 할 수 있는 권한이 생기는 불편함이 있었다.

이러한 사용자의 니즈를 파악한 두 대표는 사명을 '판교장터'에서 '당근마켓'으로 변경하며, 아이들이 많은 신도시를 시작으로 본격적인 사업 확장을 강행했다.

고객을 사로잡은 비결

당근마켓이 성공한 비결 첫 번째는 '신뢰'이다. 이미 단단히 뿌리를 내린 중고 거래 플랫폼들이 존재했다. 하지만 사용자들은 불신으로 가득했다. 선금을 받고 연락 두절이 되거나, 택배 상자 안에 구매한 상품은 없고 벽돌이 들어 있는 등의 상호 간의 비양심적 문제를 안고 있었기 때문이다.

그에 반해 당근마켓은 휴대폰 GPS를 이용한 '동네인증' 시스템을 도입했다. 거주지 중심으로 인구 밀집지역은 3~4km, 도서 산간지역은 10km로 범위를 유동적으로 설정하며, 동네 이웃들만 직거래할 수 있도록 설계했다. 아주 좁은 지역의 특성에 맞춘 '하이퍼 로컬' 전략이다.

직거래 특성상 물건의 상태 확인이 가능했고, 판매자와 구매자가 같은 동네에 거주하기 때문에 사기에 대한 불안감이 줄었다. 또한 사용자들의 거래 평판을 한눈에 볼 수 있는 '매너온도' 기능과 전문판매업자를 원천

차단함으로써, 신뢰도를 더 높이 쌓아 올릴 수 있었다.

거기에 더해 이제는 사라진 줄만 알았던 이웃 간의 나눔을 하는 따뜻함은 더 많은 이용자를 불러들이는 계기가 되었다.

두 번째 비결은 쉬운 사용법이다. 까다로운 가입 절차를 없애고 전화번호 등록과 지역 인증만 하면 누구나 앱을 사용할 수 있게 만들었다. 거래 절차도 판매자가 물건을 게시하면 채팅으로 약속을 잡고, 만나서 거래하는 직관적인 방식이다.

덕분에 디지털 약자들 또한 손쉽게 앱 사용이 가능하다는 장점이 있다. 이렇게 두 가지 편의성으로 중고 거래에서 서로 간의 벽을 허문 '당근마켓'은 지역 커뮤니티 사업을 다각화했다.

2018년 1월 전국으로 사업을 확장하면서, 2016년 2만 명이었던 월간 활성화 이용자 수(MAU)가 2022년 1,800만 명으로 비약적으로 늘었고, 누적 가입자 수 3,000만 명을 돌파하며 대한민국에서 가장 활발한 지역 기반 플랫폼으로 자리 잡았다. 하지만 그들에게는 큰 고민거리가 있었다.

유니콘 기업, 수익 모델의 부재?

벤처 캐피탈 캡스톤파트너스가 당근마켓의 방문자 수, 방문 빈도, 체류시간과 '신뢰를 바탕으로 한 지역 기반 중고 거래'라는 점에 밝은 전망을 내다보며 2016년 5억 원을 초기 투자했다. 뒤이어 케이큐브벤처스,

스트롱벤처 등이 투자하며 2016년 총 13억 원(시리즈A)을 투자받았다.

이후 당근마켓의 지속적인 성장으로 2018년 68억 원(시리즈B), 2019년 400억 원(시리즈C), 코로나19로 사용자 수가 대폭 늘었던 2021년 1,800억 원(시리즈D)의 투자를 유치하며 기업가치 3조의 대한민국 16번째 유니콘 기업으로 올라섰다.

기업의 가치를 인정받고 많은 이용자들을 모았지만, 별도의 거래수수료가 없는 '당근마켓'은 적자를 면치 못하는 기업이다. 수익모델이 마땅치 않기 때문이다.

이에 김용현 대표는 동네 소상공인 광고, 지역 프랜차이즈 광고, 당근페이, 당근 굿즈 출시 등으로 수익모델을 찾고 개선했다.

또한 2022년 김재현 공동 대표가 최고전략책임자(CSO)로 직책을 옮기고, 모바일 서비스 전략 전문가 황도연 각자 대표를 선임하며, 새로운 수익모델 발굴에 박차를 가하고 있다. 이용자 기반의 성장으로 이미 많은 이용자를 보유하고 있기 때문에 적당한 수익모델만 찾는다면 '당근마켓'의 몸집은 더욱 비대해질 것이라는 전문가들의 의견이 팽배하다.

우물 밖 개구리

우리는 한 무리 안에서 조금 특출 난 사람들을 비하할 때 '우물 안 개구리'라는 표현을 많이 쓴다. 하지만 **우물 안 개구리가 되어봐야 우물 밖으**

로 나갈 기회가 생기기 마련이다.

'당근마켓'의 경쟁자는 더 이상 타 중고 거래 플랫폼에 국한되지 않는다. 아니 이미 경쟁 우위를 점했다는 표현이 맞을지도 모른다. '하이퍼 로컬' 전략을 토대로 부동산, 아르바이트 구인 구직, 중고차 직거래, 지역 커뮤니티 등 사업을 다각화 시키며, 여러 플랫폼들의 자리를 위협하고 있다. 지역 중심의 대형 커뮤니티 플랫폼으로 자리 잡은 것이다.

국내 시장에서 선풍적인 인기를 끈 김용현 대표는 우물 밖으로 나왔다. 2019년부터 영국에서 'KARROT(캐롯)'이라는 이름으로 해외 진출을 시도했지만, 코로나19의 여파로 잠시 정체되었다가 2022년 '위드 코로나' 국면에 접어들면서 해외 시장 공략을 본격화했다.

현재 미국, 캐나다, 영국, 일본 등 4개 국가의 거점도시들을 중심으로 440여개 지역에서 서비스를 시행하고 있다. 특히 한인들이 많은 캐나다 토론토에서 서비스 시행 1년 만에 MAU가 20배 이상 늘어나며 가장 큰 두각을 나타내고 있다. 흡사 한국에서의 초창기 모습과 비슷하다고 한다. 하지만 각 국가마다 문화의 차이와 환경의 차이는 매우 다르다. 그 점을 빠르게 파악하고 알맞은 서비스를 제공하는 것이 과제로 꼽힌다.

현 시점 K-스타트업 열풍을 선도하고 있는 '당근마켓'의 황도현 대표는 국내에서, 김용현 대표는 해외에서 사업을 총괄하며 오늘도 최선을 다하고 있다. 머지않아 해외에서 편리하게 '당근' 할 날을 기대해 본다.

"작은 기회로부터 위대한 업적이 시작된다." – 데모스테네스

김용현 대표는 삼성물산 해외영업부에 근무하던 시절, 해외 담당자들을 설득하고 협상하는 방법을 배우며 일단 부딪혀 본다는 마인드를 배웠다고 한다. 그렇기 때문에 '판교장터'를 망설임 없이 시작했을지 모른다. **그렇다 무슨 일이든지 일단 시도해봐야 박수를 받을지 야유를 받을지 알 수 있는 법이다.**

삼성물산, 네이버, 카카오에서 비록 한 명의 직원이었지만, 배운다는 자세로 업무에 임하고 결국 자신의 것으로 만들었다. **기회를 살리고 배우는 사람을 따라갈 자는 없다.**

당시 카카오에는 수많은 직원들이 있었을 것이다. 하지만 중고 게시판에서 기회를 엿보고 실행으로 옮긴이는 두 대표뿐이었다. 모두가 무심코 지나쳤던 일상의 작은 부분을 그들은 놓치지 않은 것이다. 타깃의 스펙트럼을 좁히고 지역에 초점을 맞추며 집중했다.

여기서 '페이팔 마피아' 대부 피터 틸의 초기 사업 시 생각해야 하는 일곱 가지 질문 중 하나인 "독점, 작은 시장에서 큰 점유율을 가지고 시작하는가?" 부분이 문뜩 떠오른다.

'당근마켓'의 두 대표의 스토리를 보며 내가 무심코 지나쳤던 일상의 작은 부분에는 어떤 것들이 있는지, 나는 어떤 자세로 업무에 임하고 있는지 생각해보게 된다.

우리 모두는 다른 환경과 조건에서 살아가고 있다. **나만의 환경 안에 있는 것들에 대한 작은 관심이 두 대표처럼 하나의 야망이 될 수 있지 않을까.**

"어디를 가든 마음을 다해 가라." - 공자

SCALE

UP

'K-열풍'

세계를
매료시키다

세계인을 사로잡은 BTS의 지휘자,

방시혁

2013년 싸이의 〈강남스타일〉이 여전히 세계무대에서 활동하던 시절, 한 그룹 가수는 타 가수가 방송 펑크를 내야만 간신히 무대에 설 수 있는 위치에 있었다. 그랬던 이들은 현재 싸이의 뒤를 이어 세계무대에서 K-POP 을 넘어 POP의 트렌드를 이끌어가고 있다. 그들이 바로 BTS(방탄소년단)이다.

세계인들이 K-POP을 매개로 문화를 형성하고, 한국에 대해 공부하기도 한다. 이처럼 해외에서 K-POP의 열기는 대단하다. 여러 국내 가수들이 한국을 알리고 큰 인기를 누리고 있지만, 그중 가장 영향력 있는 그

롭은 단연 BTS이다.

한국 가수 최초 빌보드 차트 1위를 하고, 2022 카타르 월드컵 주제가의 주인공으로 초대될 만큼 그 열기는 식을 줄 모르고 K-POP의 역사를 써내려가고 있는 중이다. 그런 BTS의 뒤에는 비범한 리더이자 지휘자인 방시혁 의장이 있다.

그가 이끄는 '하이브'는 미국의 대표 시사주간지 〈타임〉이 선정하는 '세계에서 가장 영향력 있는 100대 기업'에 2년 연속으로 이름을 올렸으며, 커버를 장식하기도 했다.

방시혁 의장은 과거 〈총 맞은 것처럼〉(백지영), 〈죽어도 못 보내〉(2AM) 등 다수의 히트곡을 배출하며 점차 이름을 알렸다. 자율성을 강조하고 수평적이며 진정성 있는 리더십으로 BTS뿐만 아니라 공격적인 M&A를 통해 저스틴 비버, 아리아나 그란데 등 세계적인 팝스타들까지 품었다.

2020년 기준 **〈국제음반산업협회(IFPI)〉에서 발표한 글로벌 레코드 뮤직 매출 TOP 10 중 세 팀(1위 BTS, 8위 아리아나 그란데, 10위 저스틴 비버)**이 '하이브'에 소속되어 있다.

그만큼 어마한 규모를 차지하는 기업으로 성장했고, 현재 '하이브'는 엔터테인먼트 사업을 기반으로 한 종합 콘텐츠 플랫폼으로 더 큰 비전을 가진 세계적인 기업이 되었다.

공부가 가장 쉬웠어요

1972년 서울에서 태어난 방시혁은 공부가 가장 쉬웠다고 말하는 장본인이다. **"너무 노력하는 건 쿨하지 않아, 공부는 쓱 봐서 1등하고 이래야 되는 거 아니야? 이 정도로 재수 없는 아이였고 실제로 중 · 고등학교 친구들한테 물어보면 진짜 재수가 없었다고 그러더라고요."** tvN **〈백지연의 피플인사이드〉에서의 인터뷰 내용이다.**

실제로 시험공부 시간이 1시간이 넘지 않았고, 성적도 매번 1, 2등 수준을 유지했다고 한다. 물론 천재성도 있었지만, 그의 아버지 방극윤 씨는 **2019년 2월 〈전북일보〉와의 인터뷰에서 방시혁은 어린 시절 한글을 일찍 깨우쳤고, 5살 때부터 책을 읽기 시작했으며, 하루 종일 책만 보는 아이였다고 한다. 엄청난 독서량 덕분에 속독과 집중력, 이해력이 남달랐다고 전하고 있다.**

공부만큼 음악적 재능도 남달랐다. 초등학교 때 스스로 악보를 그리고, 중학교 때 밴드를 결성해 직접 작사, 작곡한 곡을 '탑골공원'에서 공연할 정도였다.

그의 부모님이 음악적 재능이 있는 그를 위해 지원한 것은 클래식 기타 1대를 사준 것이 전부였다고 한다. 그렇게 다방면으로 천재성을 보였던 방시혁은 법대를 원했던 조부모님의 반대를 무릅쓰고 서울대 미학과로 진학하며 새로운 기회를 맞이하게 된다.

JYP(박진영)와의 만남

방시혁은 서울대학교에 재학 중이던 1994년 제6회 유재하 음악경연대회에서 동상을 받으며 작곡가로 데뷔했다. 그런 그의 재능을 알아보고 가요계로 발탁한 인물이 한국 3대 엔터테인먼트 기업으로 꼽히는 JYP의 대표 박진영이다.

그렇게 'JYP엔터테인먼트'의 수석 프로듀서로 활동하며 비 〈나쁜남자〉, 〈I DO〉, GOD 〈하늘색 풍선〉, 박지윤 〈난 사랑에 빠졌죠〉, 2AM 〈죽어도 못 보내〉 등 다수의 작품을 작사, 작곡하며 청중의 귀를 사로잡았다.

성공 가도를 달려가던 박진영과 방시혁은 2000년대 중반 미국 시장의 문을 끊임없이 두드렸지만 별다른 성과를 내지 못했다.

이후 박진영과의 사소한 다툼과 본인만의 회사를 설립하고 싶었던 마음으로 그는 JYP와 결별하고, 2005년 오늘날 '하이브'의 전신인 '빅히트엔터테이먼트'를 설립하며 홀로서기에 나섰다.(2021년 3월 사명을 '하이브'로 바꾼다.)

박진영과 결별 과정에서 사소한 다툼이 있었지만, 2023년 1월 방시혁의 SNS 계정에 둘이 함께 찍은 사진과 "With my teacher, brother & best friend."(나의 선생님이자 형제, 그리고 절친과 함께)라는 문구의 게시물을 업로드 할 만큼 현재까지 돈독한 친구이자 협력자로서 끈끈한 우정을 이어가고 있다.

보는 음악, 중독적인 멜로디의 노래가 대중들을 사로잡는다고 깨달은 방시혁은 노래, 춤, 작사, 작곡을 모두 병행하는 완성형 아이돌 그룹을 만들고 싶었다.

2013년 뷔, 슈가, 진, 정국, RM, 지민, 제이홉으로 이루어진 '사회적 편견과 억압을 막아내고 자신들의 가치를 지켜낸다.'라는 뜻을 가진 그룹 방탄소년단(BTS)을 데뷔시켰다.

그들이 음악을 통해 사회적으로 좋은 영향력을 행사하길 바랐다.

초기 BTS는 당대 최고의 그룹 빅뱅의 뒤를 이을 것이라고 포부를 밝히기도 했지만, 2013년은 아이돌의 전성시대라 할 정도로 아이돌 그룹들이 쏟아져 나왔다.

비교적 소속사의 규모가 작았던 BTS는 고전을 면치 못했다. 아이돌이 힙합을 한다는 이유로 비아냥을 듣기도 했다. 하지만 그들은 점차 본인들만의 색깔을 찾아간다. 그러던 2015년 '화양연화' 앨범에 수록된 〈쩔어〉라는 곡이 유튜브 1억 뷰를 돌파하며, 세계인들에게 조금씩 다가갔다.

이후 2017에 발표한 〈DNA〉가 빌보드 싱글차트 첫 진입, 2018년 〈Fake love〉가 빌보드 HOT100, TOP10에 진입했다. 2020년 코로나19로 힘든 시기를 겪고 있던 대중들을 위로하는 〈Dynamite〉를 발표하며, 한국인 사상 최초로 빌보드 차트 1위에 올랐고, 뒤이어 〈BUTTER〉로 10

주 연속 빌보드 차트 1위를 차지하는 기염을 토했다. BTS의 곡들은 시각적인 요소로도 즐거움을 주지만, 모든 곡이 서사가 있고 뮤직비디오의 세계관이 이어지는 재미도 있다.

또한 〈피 땀 눈물〉이라는 곡에서는 헤르만 헤세의 소설 『데미안』을 모티브로 한 철학적인 요소도 들어가며 곡의 깊이를 더하기도 한다. 어떤 이들은 〈피 땀 눈물〉에 대해 음모론을 펼치며 흥미에 더 불을 붙였다.

그들은 앞으로 또 어떤 스토리를 가지고 희망의 메시지, 위로의 메시지로 세계인을 감동시킬지 기대된다.

세계적인 엔터테인먼트 기업으로 거듭난 '하이브'

BTS의 대활약을 기반으로 방시혁 의장은 세계무대를 겨냥한 M&A(인수합병)에 박차를 가했다. 2019년 쏘스뮤직을 시작으로 2020년 플레디스 엔터테인먼트, 뒤이어 지코가 이끄는 KOZ엔터테인먼트를 인수했다.

그러던 2021년 미국의 팝스타 저스틴 비버, 아리아나 그란데가 소속된 종합 미디어 기업 '이타카홀딩스' 지분 100%를 약 1조에 인수하며 세간을 떠들썩하게 했다.

이는 국내 엔터테인먼트 M&A 최대 규모이자, 해외 기업을 인수한 최초의 사례로 글로벌 기업으로 도약했음을 의미한다. 이들의 합류로 K-POP은 물론 다양한 장르를 아우를 수 있는 강력한 레이블 체제를 구축할 수 있게 되었다.

유튜브 구독자 수로만 따져도 2023년 6월 기준 BTS 7,500만, 저스틴 비버 7,140만, 아리아나 그란데 5,260만으로 총 1억 9,900만 명에 이른다.

방시혁 의장의 공격적인 M&A는 여기서 멈추지 않는다. 2023년 2월, 인기 래퍼 릴 베이비, 미고스, 시티걸스가 소속된 'QC미디어홀딩스'를 약 3,000억 원에 인수했다. 'QC미디어 홀딩스'는 미국 힙합 분야 최고의 레이블로 알려져 있다.

이로써 방탄소년단, 저스틴 비버, 아리아나 그란데, 투모로우바이투게더, 세븐틴, 지코, 뉴진스, 르세라핌, 엔하이픈, 제이 발빈, 데미 로바토, 토마스 레트, 플로리다 조지아 라인, 레이디 에이, 릴 베이비 등 글로벌 아티스트들과 호흡을 맞추며, 'BTS 원팀기업'이라는 불안감을 씻어냈다. 방 의장의 공격적인 M&A의 이유를 〈CNN〉과의 인터뷰에서 엿볼 수 있다.

"K-POP은 인기에 비해 시장 점유율이 높지 않습니다. (중략) 우선은 노출량을 늘리는 게 중요하기 때문에 미국의 여러 레이블과 매니지먼트 컴퍼니를 인수하면서 인프라를 구축하고 있습니다."라고 밝혔다. 인터뷰의 전체 영상을 보면 다소 까다로운 질문에도 지혜롭게 자신의 견해를 드러내는 그의 모습을 볼 수 있다.

엔터테인먼트를 넘어 글로벌 플랫폼 기업으로

'하이브'의 경쟁사는 더 이상 3대 엔터라 불리는 SM, JYP, YG가 아니다. 이들과 차별화되는 '위버스'라는 플랫폼 비즈니스가 있기 때문이다. 2019년 6월부터 서비스를 시작한 위버스는 스타와 팬 간의 좀 더 가까운 소통을 할 수 있는 커뮤니티 SNS이다. JYP를 제외한 국내 대형 연예기획사 소속 아티스트들도 위버스를 통해 팬들과 소통하고 있다.

2021년에는 경쟁 구도를 형성했던 네이버의 V-LIVE와 통합하면서 경쟁을 없애고, 라이브 방송도 할 수 있게 되었다. '위버스'의 이점은 스타와의 가까운 소통뿐만이 아니다. 가입 회원들만을 위한 온라인 콘서트는 물론이고, 여러 콘텐츠와 위버스샵 굿즈를 구매할 수 있는 기회를 제공하고 있다. 또한 위버스 어플을 통해서만 BTS 콘서트 티켓을 예매할 수 있게 함으로써 서비스 이용을 극대화시켰다. 이는 2021년 기준 '하이브'의 연 매출의 40%가량을 차지할 만큼 크게 성장했다. 이제 시작 단계일 뿐이다.

아직 유입되지 않은 저스틴 비버, 아리아나 그란데 등 월드 스타들의 입점을 계획하고 있다. 그 외에도 수많은 국내외 아티스트들까지 유입된다면 수익성과 사업의 스펙트럼이 더 넓어질 것으로 보인다.

여기에 그치지 않고 게임, 웹툰 그리고 영화, 다큐, 예능 등 자체 오리지날 콘텐츠를 제작하며 그 영역을 계속 넓혀가고 있다. 따라서 유튜브, 인스타그램, 네이버, 카카오와 같은 초대형 플랫폼들의 아성에 도전할 만큼의 무한한 성장 가능성이 있다는 뜻이다. 과연 방시혁 의장이 이끄는 '하이브'의 최종 목적지는 어디가 될까?

방시혁의 요즘 리더십

방시혁 의장은 '방탄의 아버지'라 불린다. 하지만 정작 본인은 그 말을 싫어한다. 이유는 아티스트는 누가 만드는 것이 아니라는 그의 철학이 있기 때문이다.

BTS의 성공 요인으로는 멤버들의 노래와 춤, 작사, 작곡 실력도 있지만, 주요 요인은 데뷔 전부터 SNS 활동을 통해 콘텐츠를 양산하고, 팬들과 진정성 있는 소통을 한 것으로 꼽힌다.

때문에 팬클럽 아미(Army)는 누구보다 그들과 함께한다고 느낀다. 이런 BTS의 활동에는 방시혁의 요즘 리더십이 있었다. 그는 아티스트를 철저히 통제하는 타 회사들과는 달리 연습생 시절부터 멤버들에게 SNS 활동 장려와 작업실을 지원하며 음악 활동을 마음껏 하도록 도왔다. 그리고 그 과정은 고스란히 그들의 SNS를 통해 노출되었다.

'프로세스 이코노미'의 대표적 사례이다. 그렇게 만들어진 음악을 인터넷에 발표하기까지 했다. 관리보다는 자율성과 개개인의 독립성을 부여한 것이다. 물론 그에 따른 책임은 멤버들의 몫이었다.

아티스트에게 내면의 진심을 표현하라고 독려한 방 의장은 앨범 제작 시 멤버들의 의견을 적극 반영하며 직접 음악을 만들도록 했다. 그래서 BTS의 노래에는 개개인의 서사가 있으며, 동시대를 함께 살아가는 젊은 대중들에게 많은 공감을 얻을 수 있었다.

그의 스타일은 기업 M&A에서도 드러나는데, 인수합병한 기업들은 한 울타리 안에 있지만, 각각의 레이블마다 개성을 존중하며 독립성과 자율성을 보장한다.

모두가 스스로 드라이브를 걸 수 있도록 하며, 개개인의 능력을 최대로 끌어올린다.

그의 지렛대와 같은 요즘 리더십이 있었기에 '하이브'는 국내 중소 연예기획사에서 시작해서, 글로벌 플랫폼 기업으로 자리 잡아가고 있는 것은 아닐까.

만리장성을 장악한 K-뷰티 'GP 클럽',

김정웅

2019년 기업가치 약 1조 5,000억 원에 달하는 국내 9번째 유니콘 기업이 탄생했다. 당시 미국 시장조사업체 **'CB insights'에 따르면 세계 유니콘 기업 보유 순위에서 미국, 중국, 영국, 인도 다음으로 독일과 함께 공동 5위에 등재되었다.** 한국의 위상을 올리는 데 일조한 기업은 중국에서 1초에 10장씩 팔린다는 마스크 팩 회사 'GP클럽'이다.

2016년에 GP클럽에서 론칭한 JP 솔루션은 '꿀광 마스크 팩'으로 대륙의 여심을 사로잡았다.

2016년 483억 원의 매출을 시작으로 2017년 884억, 2018년에 무려

5,195억 원의 매출을 올리며 기하급수적으로 성장했다.

3년간의 매출 추이를 보면 그 기세가 얼마나 무서운지 알 수 있다. 놀라운 성장세에 주목한 골드만삭스가 750억 원을 투자해 GP클럽 지분 5%를 사들이기도 했다. 화장품에 관심이 많은 사람이 아닌 이상 'GP클럽'은 조금 생소할 수 있다. 그 이유는 중국에서 먼저 자리 잡고 이후 한국에 들어왔기 때문이다.

중국은 인구 13억이 있는 기회의 시장임은 분명하지만, 세계적 정세에 많은 영향을 받기 때문에 한국의 중소기업이 중국에서 성공한 사례는 거의 찾아볼 수 없다. 하지만 'GP클럽'의 김정웅 대표는 한국의 대기업들이 무너져 가던 중국 정부의 '사드 보복 조치'가 있었을 때 공격적으로 사업을 전개하며 위기를 기회로 만들었다.

화장품 회사 'GP클럽'의 약자는 Game Paradise?

1975년생인 김정웅 대표는 비교적 유복한 유년기를 보냈다. 하지만 은행원으로 근무하던 아버지가 실직 후 가세가 조금씩 기울기 시작했다. 설상가상으로 15살이 되던 해 아버지가 간암으로 세상을 떠나며 의도치 않게 생활전선에 뛰어들어야만 했다.

오직 돈을 벌어야 한다는 일념 하나로 비디오게임 가게에서 아르바이트를 시작한 어린 김정웅은 몇 년간 일하며 비디오게임에는 관심이 없었지만, 판매에는 스스로 재미와 재능이 있다고 판단했다.

자신이 찾은 재능을 믿고, 벌어들인 돈과 가족에게 빌린 돈 800만 원으로 비디오 게임과 콘솔 게임을 판매하는 '게임 파라다이스(game paradise)'라는 작은 가게를 창업했다. 이후 사업은 점진적으로 커졌다.

2003년, 용산 전자상가에 진을 치고 중국으로 IT 제품을 유통하는 데 주력했다. 게임회사 '펜타비전'의 PSP 게임 '오디션 포터블', 닌텐도 공식 총판까지 담당하면서 2011년 '1,000만 불 수출의 탑'을 수상하는 등 일찍이 그 능력을 인정받았다. 그리고 2013년 한 회사와 유통 계약을 맺었고, 이는 그의 인생에 터닝 포인트가 되었다.

화장품 시장에 눈 뜨다

김정웅 대표가 화장품에 눈을 뜨게 된 계기는 그의 능력을 알아본 화장품 브랜드 '토니모리'와의 유통 계약을 맺으면서부터이다. 이후 '네이처리퍼블릭', '미샤', '더페이스샵', '메디힐' 등 이름만 들어도 알 만한 한국의 화장품 브랜드들을 본격적으로 유통하게 되었다.

이 과정에서 거대한 중국 유통시장에서 성공을 경험하게 된다. 하지만 'GP클럽'을 통해 수출하던 업체의 갑작스런 계약 파기와 독자적인 수출 선언, 중국 대형 도매상의 변심으로 힘든 시기가 있었다.

누군가에게는 그저 성가신 일이었겠지만, 그에게 있어서 이는 오히려 중국 시장에 대한 이해도를 한 단계 더 높여주는 자양분이 되었다.

김정웅 대표는 경험을 무기로 유통뿐만 아니라 자신이 직접 제조하고, 공급해도 경쟁력이 충분하다는 것을 깨닫게 된다. 이 같은 깨달음을 얻을 수 있었던 것은 중국 시장에 대한 자신의 높은 이해도와 중국 유통 분야 친구들과의 탄탄한 관계에 의한 유통망 확보도 있었다.

거기에 더해 한국은 자신이 원하는 제품을 빠르게 제조할 수 있는 생태계가 다 갖춰진 화장품 브랜드 '레드오션'이라는 이점도 있었다. 그렇게 2016년, 독자적인 브랜드 JM솔루션을 론칭하면서 대륙의 마음을 사로잡기 위한 출발을 알렸다.

철저한 현지화로 대륙을 사로잡다

초창기 JM솔루션이 출시한 기초 화장품들의 반응은 미온적이었다. 김정웅 대표는 고민 끝에 미세먼지가 심한 중국 문제점에 착안해 마스크팩을 만들기로 결심했다. 미세먼지로 인해 중국인들은 매일 마스크 팩을 하는 사람들이 늘어나던 시기인 만큼 수요가 넘쳐났다.

하지만 그만큼 공급도 넘쳐났기 때문에 꿀을 이용해 보습을 높이자는 전략 아래, 중국 여성들의 성향을 철저히 분석하고 차별성을 계획했다.

첫째, 중국인들은 피부결과 피부의 광을 중요시한다.

둘째, 꿀은 끈적거리고 향이 강하며 에센스에 양이 작다는 불만이 꾸준히 재기되고 있다.

이후 맞춤형 꿀광 마스크팩 개발을 위해 국내 화장품 제조업체들과 손

잡고 사용감과 성분에 대한 연구 개발 끝에 2017년 5월, 끈적이지 않고, 기존 마스크 팩보다 두 배 이상의 넘쳐나는 에센스 양(45g), 저렴한 가격까지 모든 것을 충족한 '꿀광 로얄 프로폴리스 마스크'을 출시하게 되었다.

반응은 폭발적이었다. 뒤이어 출시한 윤광, 청광, 물광 이른바 '광' 시리즈로 중국 고객들의 마음을 사로잡았다. 2016년 483억 원의 매출을 시작으로 2017년 884억, 2018년 5195억 원의 매출을 올리며 그야말로 승승장구했다. 특히, 퀀텀점프의 시기라 불리는 2018년에는 하루에 850만 장이 팔려나가는 진기록을 세우기도 했다. 이는 제조와 동시에 팔려나갔다는 뜻이기도 하다.

한 가지 놀라운 점은 'GP클럽'이 비약적으로 성장하던 시기는 한반도 사드(THAAD, 고고도 미사일 방어체계) 배치 문제로 한 · 중 국가 간의 마찰을 빚던 시기였다는 점이다.

사드(THAAD)의 위기 속 기회

꿀광 마스크팩이 출시된 2017년은 사드(THAAD) 이슈가 불거짐에 따라 중국 정부의 보복 조치가 극에 달했다. 중국 시장에서의 한국기업 배척과 중국 전역에 한국 제품 불매운동이 벌어지고 있었다. 중국에 진출한 국내 화장품들 또한 시장 진입로가 막히며 줄지어 타격을 입었고, 수많은 국내 기업들이 중국 시장에서의 비중을 줄이거나 발을 빼는 상황이 벌어졌다.

국내 최고의 화장품 기업인 '아모레 퍼시픽'의 분기 영업이익이 57.9% 하락한 것을 보면 당시 폭풍을 적나라하게 엿볼 수 있다. 그렇다면 JM솔루션은 어떻게 이 거대한 후폭풍에도 홀로 성장할 수 있었을까?

철저한 현지화로 가성비가 뛰어난 훌륭한 제품을 만들었다는 것은 분명한 사실이지만, 틈새시장을 정확히 겨냥했다. 아직은 중국 내에 잘 알려지지 않은 브랜드라는 점과 소비자들의 구매 경로가 오프라인에서 온라인으로 옮겨가는 것을 간파했다.

김정웅 대표는 오히려 공격적으로 판매 채널을 늘려가며, 몸집을 줄이는 타 기업과 정반대되는 행보를 이어 나갔다. 2017년, '상하이국제화장품박람회'에서 호평을 받으며 가성비 좋은 화장품으로 입소문이 나기 시작했다.

거기에 더해 '왕홍'이라 불리는 중국의 SNS 인플루언서들을 이용한 마케팅을 적극적으로 전개했다. '왕홍'들의 활약은 눈부셨고, 새로운 K-뷰티에 목말라 있던 중국 바이어들의 쏟아지는 관심과 현지 유통업자들과의 탄탄한 신뢰를 기반으로 '티몰', '타오바오' 등의 온라인 쇼핑몰들과 전략적인 협약을 맺을 수 있었다.

그 결과 2017년 '3,000만 불 수출의 탑' 달성과 2018년 마스크 팩 누적 판매가 약 8억 장을 기록하며 중국에서 유명세를 탔다. 국내 면세점에서 중국인들이 JM솔루션의 면세품을 싹쓸이하는 진풍경이 벌어지며 업계를 떠들썩하게 만들었다.

이를 눈여겨보던 세계 최대의 투자사 '골드만삭스'는 2018년 10월 'GP클럽'에 6,700만 달러(한화 약 750억 원)를 투자하며 기업가치 약 1조 5,000억 가치의 유니콘 기업으로 등극했다는 소식이 전해졌다. 2016년 JM솔루션을 론칭하고 단, 3년 만의 성과였고, 김정웅 대표는 2019년 **〈포브스〉가 선정한 '한국의 50대 부자' 중 30위(재산 약 1조 3,500억)에 올랐다.**

국내 시장 공략에 나선 'GP클럽'

'GP클럽'은 중국에서 큰 성공을 거두고 미국, 일본, 캐나다, 호주, 독일, 러시아, 홍콩 등 14개국에 진출해 있다. 하지만 국내에서는 아직 인지도가 낮은 것이 사실이다. 이 숙제를 해결하기 위해 이병헌, 한효주, 김고은, 정해인, 김소현 등의 톱스타들을 광고 모델로 발탁해 마케팅했지만, 중국에서의 성공에 비해 만족할 만한 뚜렷한 성과를 내지는 못했다.

하지만 국내 현지화를 바탕으로 다양한 브랜드를 론칭하며, 단계별 성과를 달성하고 있는 중이다. 큰 성공을 거두었지만, 그럼에도 여전히 시작 단계인 'GP클럽'이다.

굳이 국내에 국한되어야 하나?

최근 해외에서 성공한 사례들을 어렵지 않게 찾아볼 수 있다.

영국에서 초밥 사업을 시작해 영국 400대 부자에 오른 켈리 최 회장,

미국에서 김밥 매장으로 큰 성공을 거두고 한국에서 사장들의 사장으로 활동하는 김승호 회장, 세계 점유율 1위 알로에 음료로 자리 잡은 OKF 이상신 회장, 미국에서 컵밥을 판매해서 대박이 난 '유타컵밥'의 송정훈 대표가 대표적인 예이다.

국내에서 성공하고 해외로 진출한다는 사업의 정해진 수순은 없어졌다. 재벌가가 독식하는 한국의 구조상 자수성가로 세계 시장에서 업적을 이룬 김정웅 대표를 포함한 이들의 스토리는 분명 큰 귀감이 된다.

세계적으로 스타트업, 창업 열풍이 불고 있다. 국내에 있는 많은 예비 스타트업 창업자들이 국내에 국한되어 있지 말고, 더 넓은 세상을 바라봐야 할 때이다.

예를 들어 자신이 제작한 아이템, 혹은 우리에게는 흔한 상품을 온라인에 판매한다고 가정했을 때, 10개를 판다고 생각한다면 지인 영업을, 100개를 판다고 하면 국내 온라인 스토어를 생각할 것이다. 하지만 10,000개를 팔겠다고 마음먹는다면 '아마존', '타오바오' 같은 곳에 론칭하려 할 것이다. 생각의 전환이 미래를 좌지우지한다. 만약 김정웅 대표가 화장품 '레드오션'인 한국에서 처음 사업을 전개했다면, 'GP클럽'의 운명은 달라졌을 수도 있다.

오히려 처음부터 해외 시장을 공략하는 것이 '블루오션'일 수 있다는 것을 정확히 집어주는 대목이다.

알로에 음료계의 코카콜라 'OKF',

이상신

180개 국가에 1,650개의 품목을 수출하며 세계시장을 사로잡은 음료 기업이 있다. 우리가 흔히 알고 있는 대기업이 아닌 중견기업 'OKF'이다. 'OKF'의 주력 제품인 '알로에베라킹'은 전 세계 알로에 음료 점유율 76%를 기록하며 독보적인 입지를 구축하고 있다. 세계에 퍼져 있는 수많은 알로에 음료가 있지만 이는 모두 후발주자이다. 즉, 알로에 음료의 원조, 종주국은 대한민국이라는 뜻이다. 하지만 아이러니하게도 한국인들에게는 생소한 한국의 기업이다. 'GP클럽'과 마찬가지로 해외에서 먼저 성공한 후에 역으로 국내에 들어온 특이한 경우이기 때문이다.

2023년인 현재에는 K-푸드, K-POP 등 한국의 위상이 많이 올라갔지만, 'OKF'가 설립된 1990년 당시에는 K-OOO과 같은 수식어가 없었음은 물론이고, 한국 식품은 더더욱 세계시장에서 주목받지 못하던 시기였다.

그러나 이상신 회장은 한국 식품이 세계로 뻗어나가게 하겠다는 꿈이 있었다. 'OKF'의 뜻이 'Overseas Korean Food'인 만큼 그의 원대한 포부는 기업명에서도 잘 드러나 있다.

이상신 회장은 반도체와 같은 주력 수출품이 아닌 경쟁사가 차고 넘치는 음료 사업으로 어떻게 글로벌 시장에서 '수출 신화'를 이룰 수 있었을까?

역발상, 해외 시장을 공략하다

이상신 회장은 1952년생으로 성균관대 경영학과와 성균관대 MBA를 거쳤다.

이후 롯데그룹 식품 계열사에서 해외 영업 책임자로 근무하며 시장 조사, 마케팅, 제품 개발 등을 담당했다. 이러한 경험을 밑거름 삼아 식품회사 창업을 결심하게 되는데, 주변 직장 동료와 지인들이 창업을 극구 만류하였다고 한다.

식품의 경우 트렌드의 변화에 맞춰 빠르고 유연하게 대응해야 됨은 물론이고, 국내 내수시장은 이미 대기업이 장악했기 때문에 중소기업의 경쟁력이 현저히 떨어진다는 것이 그 이유였다. 하지만 해외 업무를 주로 맡았던 이 회장의 생각은 달랐다.

자신의 경험을 살려 한국 식품을 내수시장이 아닌 오히려 해외수출에 집중하면 충분히 성공할 수 있다고 판단하였다. 국내에서 생소한 이유가 바로 여기에 있다.

1990년 'OKF(Overseas Korean Food)'를 설립하며 한식의 세계화를 위한 첫발을 내딛게 되었다. 창업 초기에는 대표 한식인 유자, 김, 만두, 삼계탕 등 12개의 품목에 주력했다.

특히, 외국인들에게 생소했던 '유자'는 특유의 독특한 맛과 건강에 좋다는 입소문이 빠르게 퍼지자 유자차를 생산 유통하며 성공적으로 해외시장에 발을 넓혀나갔다.

고객의 니즈에 맞춘 유연함으로 유자 틈새시장 공략에 성공했지만, 그 기쁨은 오래가지 못했다. 후발주자로 나선 타 업체들의 모방제품들이 우후죽순 생겨났기 때문이다. 이에 후속으로 출시한 유자음료마저 무거운 유자청으로 인해 알갱이가 가라앉아 흔들어서 마셔야 하는 번거로움 등의 문제로 크게 주목받지 못했다.

최초의 알로에 음료, '알로에베라킹'

결국 그는 새로운 주력 제품을 찾아 나서야 했다. 유자로 성공을 맛보았던 그는 자연스레 새로운 건강음료에 대해 고뇌하던 중 유자와는 다르게 알갱이가 떠 있게 할 수 있는 알로에 음료를 개발하기로 결정한다. 하지만 당시 알로에는 식품이 아닌 피부 미용(화장품)의 원료나 약용이라는 인식이 사람들의 뇌리에 박혀 있었기 때문에 먹기에 거부감이 있는 것이 사실이었다.

(*알로에는 우수한 영양성분들이 많아, 고대 그리스 시대부터 인류 최초의 약용 식물로 사용된 것으로 알려져 있다.)

거부감을 없애고 효능을 살리며 맛있는 알로에 음료를 만들기 위한 목표 아래, 연구 개발에 매진하게 된다. 거기에 더해 이 회장은 한 가지 중요한 원칙을 내세웠는데 바로 '무향', '무보존재', '무설탕'이었다.

세계인의 입맛을 사로잡기 위해 시제품을 출시하고, 여러 국가에 발품을 팔아 테스트를 진행했는데, 반응이 각 국가마다 가지각색이었다. 때문에 3년 동안 18번의 제품 수정을 거치고서야 1997년 'OKF'만의 독보적 레시피로 '알로에베라킹'을 출시했다.

기회와 운은 스스로 만드는 것이라 했던가, **〈매일경제이코노미〉(2018.04.02.)와의 인터뷰에 따르면 '알로에베라킹'이 초기 주목받을 수 있었던 이유에 대해 이와 같이 설명하고 있다.**

"농업 선진국인 네덜란드는 알로에를 슈퍼푸드로 인정하고 효능에 대한 이해도가 높습니다. 그래서 네덜란드에서 '코스메틱 드링크(화장품 원료로 만든 음료)'로 홍보했는데 그게 먹혔습니다."

“때마침 호주 알로에 협회에서 알로에를 먹었을 때 위장병, 피부병에 특효라는 논문을 대대적으로 홍보해 저희 음료가 세계적으로 알려지는 데 크게 도움이 되었습니다.”

이를 계기로 유럽과 호주에서 성공을 거두었다. 그리고 세상에 없던 이색적인 건강음료는 세계 각지에 있는 바이어들의 관심을 집중시키기에 충분했다.

국가별 다원화 전략

‘알로에베라킹’의 성공에는 국가별 다원화 전략이 크게 기여했다. 소득수준이 낮은 동남아와 아프리카에는 페트병보다 비교적 저렴한 단가의 캔 음료를 출시하고, 이슬람 종교의 영향력이 큰 중동 국가에서는 ‘할랄푸드(이슬람 율법에 허용된 음식)’ 인증을 획득해 유통했다.

전략적인 공략으로 아시아와 유럽에서 독보적인 점유율을 유지했지만, 거대 시장인 미국에서의 활약은 비교적 미미했다. FDA 승인과 까다로운 통관절차, 조금 비싼 가격이 그 이유였다.

그런 그에게 또 한 번의 기회(행운)가 찾아왔다. 당시 미국인들이 가장 즐기던 탄산의 해악성에 대한 보도가 연일 터졌고, 2000년대 세계적으로 건강, 유기농, 웰빙의 바람이 불었다.

연간 50번 이상 해외 전시회에 참여해 제품을 알린 ‘OKF’의 노력과 이미 잘 알려진 효능 그리고 '3무(무향, 무보존재, 무설탕)' 알로에 음료는 자연스레 웰빙 바람에 올라타며 불티나게 팔리기 시작했다. 뒤이어 후발주자로 나선 타 경쟁사가 원가절감을 통한 '박리다매' 전략으로 알로에 음료 시장에 뛰어들었지만, 유자차로 한 번의 쓴맛을 봤던 이상신 회장은 두 번 당하지 않았다.

오히려 '후리소매' 전략으로 한층 더 고급화된 '알로에베라킹 프리미엄'을 출시해 글로벌 대형 슈퍼마켓에 입점시키며 미국 시장에 성공적으로 안착했다.

미국 시장에 성공적으로 안착했던 이유 중에는 이색적이고 맛있는 건강음료, 웰빙 열풍도 있었지만, 2012년 한미 FTA(양국 간의 무역세 철폐)가 발효되며 판매가를 줄일 수 있는 반사이익 효과도 크게 작용했다. 덕분에 코스트코, 숍라이트 등의 대형 슈퍼마켓의 바이어들을 확보하고 수출액이 폭발적으로 증가하며 날개를 달 수 있었다.

아직까지 끊임없이 여러 음료 제조사에서 모방제품을 출시하고 있지만 미국, 유럽, 아시아, 심지어 아프리카와 같은 오지까지 180개 국가에 세계 시장 점유율 76%를 차지하고 있어 '알로에 음료 = 알로에베라킹'이라는 원조 타이틀이 뿌리 깊게 박혀 있다.

이는 아무리 새로운 브랜드의 콜라가 출시되어도 '코카콜라'의 아성이 무너지지 않는 것과 그 모습이 많이 닮아 있다.

대기업을 뛰어넘은 국내 최대 규모 음료 공장

'OKF'는 고유의 레시피를 보유하고 있었기 때문에 레시피를 지키는 선에서 OEM을 맡겼는데 수출 물량이 점차 늘어나자, 문제점이 들어났다. 수출 물량에 비해 생산력이 그 속도를 따라가지 못한 것이다.

레시피를 지키고 물량을 맞춰내기 위한 자체 공장 증설이 필연적이었다. 그래서 2008년 터를 매입하고, 2010년에 안동 풍산농공단지에 연간 30억 병, 일일 800만 병을 생산할 수 있는 국내 최대 규모이자 최첨단 설비를 갖춘 공장을 완공했다.

건강 음료뿐 아니라 탄산음료, 커피 등 700여 종의 다양한 제품을 생산할 수 있는 능력을 갖춘 멀티공장으로 타 브랜드의 제품을 위탁받아 개발 및 생산하는 ODM 사업도 병행하고 있다. 우리나라에서 연간 유통되는 음료가 약 68억 개인데, 이 중 절반 가까이는 'OKF' 공장에서 생산되는 것이다. 하지만 이상신 회장은 아직 배가 고프다.

코카콜라와 같은 세계적인 글로벌 건강 음료기업으로 올라서겠다는 포부를 밝히며 지속적으로 제품 개발 연구에 매진하고 있다.

운을 얻을 수 있는 요건

운은 누구나에게 한 번쯤은 뚝 떨어지기 마련이다. 하지만 누구나 그 기회를 잡을 수 있는 것은 아니다. 그저 요행을 바라는 것으로 알려진 로 또 당첨도 마찬가지로 복권을 사야만이 당첨 기회가 주어진다. 로또를 사야 한다는 말이 아니니 오해 없길 바란다.

이상신 회장에게도 3번의 행운이 찾아왔다. 적절한 타이밍에 나온 탄산음료의 해악성 보도, 웰빙 바람, 한미 FTA 등의 운이 따랐기에 성공할 수 있었다.

하지만 그 운이 주어진 이면에는 리스크를 감수하겠다는 용기와 실패 속에서 또 다른 기회를 잡으려는 그의 낙관주의적인 노력이 있었다.

모두가 식품 중소기업을 우려 섞인 시선으로 바라볼 때, 국내라는 좁은 시야에서 벗어나 해외수출이라는 넓은 생각과 피부미용과 약용이라는 인식의 알로에를 건강 음료로 개발하겠다는 리스크를 감수했다. 즉, 모든 가능성을 열어둔 것이다.

낙관주의와 모든 가능성을 열고 범위를 넓게 보는 것만이 성공을 거둔 유일한 이유는 아니다. 이 회장은 발품을 팔아 세계 고객들의 피드백을 받고 3년간 18번의 수정을 거쳤기 때문에 독보적인 레시피를 개발하며 입맛을 사로잡을 수 있었다.

또한 제품을 알리기 위해 연간 50번 이상 전시회에 참석해 존재를 알렸기 때문에 한미 FTA의 반사이익 수혜를 누릴 수 있었다.

그렇다. **기회와 운은 스스로 만들어가는 것이다. 기회를 잡을 노력조차 없는 사람에게는 행운이란 그냥 스쳐 지나가는 바람일 뿐이다. 누구**

에게나 주어지는 작은 기회가 스스로 기회를 만드려는 사람에게는 운증용변(雲蒸龍變)이 되기도 한다.

수인사대천명(修人事待天命), 사람의 힘으로 할 수 있는 것을 다하고 하늘의 뜻을 기다린다.

나는 여러 권의 경제, 경영, 자기계발서를 접했다. '부자들의 공통점' '성공 공식' 집필한 저자(대표)가 누구든 비슷한 이야기들이 많았다. 그때 문득 의문을 품게 되었다.

"과연 시대를 이끌어가는 인물들은 모두 같은 마인드와 비슷한 스토리일까?" 이와 같은 의문의 종착지가 『스케일 업 : 시대를 설계한 27인의 현대 위인들』이다.

프롤로그에서 언급했듯이 철학과 방법은 모두 달랐지만, 이 책을 집필하며, 내가 가장 많이 느낀 것 중 하나는 현 시대에 '협업' 없이, 개인의 능력만으로는 살아남기 어렵다는 것이다. 책에 소개한 인물들은 모두 도움을 주고받으며 기회를 얻고, '대업'을 이루었다는 공통점이 있기 때문이다.

지금까지 시대를 이끌어가는 현대판 위인 27인 관한 연구 기록들을 공유했다. 나온 인물들은 모두 각자 한 권의 책으로도 부족 할만큼 긴 성공 스토리와 내공을 가진 인물들이다. 최대한 핵심 내용만을 추려 담아내기가 사실 어려웠다. 어려웠다기보다 아쉬웠다.

그럼에도 이 책을 선택해주시고 끝까지 정독해주신 '야망' 있는 독자분들께 깊은 감사의 인사를 전하며, 소개한 인물들을 통해 성공을 위한 시소의 무게 중심을 어디에 두어야 하는지에 대한 해답과 원하는 것, 원하는 삶을 꼭 쟁취하고 후회 없는 전진만을 하시길 진심으로 바란다.

참조자료

1장

1-1 : 『일론 머스크, 미래의 설계자』(애슐리 반스, 김영사), 〈잡포스트〉(23.4.16, 김민수 기자), 〈재외동포신문〉(17.7.20, 이동호 기자)

1-2 : 『제로 투 원』(피터 틸, 한국경제신문), 〈서울경제〉(22.5.4, 정민정 논설위원)

1-3 : 『세상을 바꾼 32개의 통찰(founders at work)』(제시카 리빙스턴, 크리에디트 출판사), 〈중앙일보〉(15.2.22, 홍익희 배제대 교수), 〈코리아 포브스〉(16.8.23, 임채연 기자)

1-4 : 『유튜브 이야기』(스티브 첸, 장리밍, 올림 출판사), 〈머니투데이〉

(12.6.28, 유병율 기자), 〈앱스토리〉(18.1.22, 최덕수 기자)

1–5 : 『어떻게 나를 최고로 만드는가』(리드 호프먼, 알에이치코리아), 〈한국경제〉(13.8.15, 박병종 기자), 〈연합뉴스〉(16.3.27, 임화섭 특파원), 〈머니투데이〉(19.11.1, 배소진 기자)

2장

2–1 : 『그라운드 업』(하워드 슐츠, 행복한 북클럽), 〈매일경제〉 (17.10.2, 장박원 논설위원), 〈IT동아〉(18.6.29, 강일용 기자)

2–2 : 『제임스 다이슨 자서전』(제임스 다이슨), 〈아시아경제〉 (19.6.3, 윤신원 기자), 〈경기신문〉(19.10.23, 이종민 박사), 〈중앙일보〉 (조용탁 기자)

2–3 : 『이것이 마윈의 알리바바다』(동즈쉬안, 이레미디어), 〈중앙일보〉(19.6.12), 〈뉴스핌〉(16.8.16, 서양덕 기자), 〈연합뉴스〉(17.12.4, 김대영 기자)

2–4 : 〈한국일보 글로벌BIZ〉(07.9.9, 이서희 기자), 〈한국일보〉(10.8.13, 남보라 기자), 〈시선뉴스〉(16.9.2, 이호 기자), 〈중앙일보〉 (17.1.12)

2–5 : 『서정진 미래를 건 승부사』(곽정수, 위즈덤하우스), 〈이데일리〉(21.1.5)

2–6 : 〈매일경제〉(17.10.18, 박기종 칼럼니스트), 〈이코노믹포스트〉(16.3.7, 주장환 칼럼니스트), 〈중국경제망〉

3장

3-1 : 〈매일경제〉(17.6.23), 〈IT동아〉(21.7.10, 권택경 기자), 〈이 로운넷〉(21.7.21, 이정재 기자)

3-2 : 『저커버그 이야기』(주디 L. 해즈데이, 움직이는서재), 〈매거진 한경〉(12.2.20), 〈아주경제〉(16.1.11, 김봉철 기자)

3-3 : 『노 필터』(사라 프라이어, 알에이치코리아), 〈시선뉴스〉(18.5.17, 김지영 기자), 〈이슈메이커〉(20.1.20, 손보승 기자)

3-4 : 〈한국일보〉(18.8.29, 허경주 기자), 〈시선뉴스〉(19.3.13, 조재휘 기자)

3-5 : 〈네이트뉴스〉(23.5.14, 정해인 기자), 〈조선비즈〉(23.5.15, 이용성 기자)

3-6 : 〈한경〉(17.4.20, 이상은 기자), 〈아시아경제〉(21.3.22, 권재희 기자), 〈한국일보〉(17.12.23, 고경석 기자)

4장

4-1 : 〈서울경제〉(16.1.29, 김병주 기자), 〈인사이트 코리아〉(21.7.23, 김동수 기자), 〈노컷뉴스〉(22.3.15, 차민희 기자)

4-2 : 〈자유기업인〉(15.6.19, 박병진 기자), 〈디지털투데이〉(19.6.19, 김효정

기자), 〈코리아 포브스〉(16.8.23, 최영진 기자), 〈앱스토리〉(16.9.23, 최덕수 기자)

4-3 : 〈인사이트코리아〉(21.4.1, 노철중 기자), 〈매일경제이코노미〉(22.4.27), 〈물류신문〉(23.3.2)

4-4 : 〈소비자 평가〉(20.1.10, 김지온 기자), 〈매일경제〉(22.11.3, 정주영 기자)

4-5 : 〈코리아 포브스〉(20.3.23, 김민수 기자), 〈산업 경제〉 (22.10.19, 진명갑 기자)

5장

5-1 : 〈엔터〉(19.8.1, 채석원 기자〉, 〈시사저널〉(23.2.9, 이주희 기자〉, 『BTS INSIGHT 잘함과 진심』(김남국, 비밀신서)

5-2 : 〈뷰티경제〉(18.10.26, 한상익 기자), 〈매일경제이코노미〉 (19.7.8, 박수호 기자), 〈조선일보〉(19.7.14, 이다비 기자), 〈중앙일보〉 (20.1.14, 김원 기자)

5-3 : 〈OKF 홈페이지〉, 〈매일경제이코노미〉(18.4.2, 채경옥, 박수호 기자), 〈뉴시스〉(18.5.18, 김동현 기자)